中国学术名著丛书

宋明理学纲要

蒋维乔

吉林出版集团股份有限公司

图书在版编目（CIP）数据

蒋维乔 宋明理学纲要 / 蒋维乔著. — 长春：吉林出版集团股份有限公司，2017.2
（中国学术名著丛书）
ISBN 978-7-5581-1904-0

Ⅰ.①蒋… Ⅱ.①蒋… Ⅲ.①理学－研究－中国－宋代②理学－研究－中国－明代 Ⅳ.①B244.05 ②B248.05

中国版本图书馆 CIP 数据核字（2016）第 297587 号

蒋维乔 宋明理学纲要

著　　者	蒋维乔
出版策划	吕秋月
责任编辑	齐　琳　王昌凤
封面设计	映象视觉
开　　本	710mm×1000mm　1/16
字　　数	259 千字
印　　张	18
版　　次	2017 年 2 月第 1 版
印　　次	2020 年 6 月第 2 次印刷
出　　版	吉林出版集团股份有限公司
电　　话	总编办：010-63109269
	发行部：010-51396619
印　　刷	三河市京兰印务有限公司

ISBN 978-7-5581-1904-0　　　　定价：42.80 元
版权所有　侵权必究

目 录

宋明理学纲要

叙　文／3

凡　例／5

绪论上／6

绪论下／9

第一纲　论道体／12

　　第一目　总　论／12

　　第二目　太　极／12

　　第三目　太　和／16

　　第四目　理／18

　　第五目　气／23

　　第六目　生／31

　　第七目　阴　阳／33

　　第八目　心　性／37

第九目　鬼　神 / 45

　　第十目　人　物 / 50

第二纲　论为学 / 55

　　第一目　总　论 / 55

　　第二目　为学大要 / 55

　　第三目　格物穷理 / 62

　　第四目　教学之方 / 71

第三纲　论存养 / 93

　　第一目　总　论 / 93

　　第二目　涵　养 / 93

　　第三目　改过迁善及克己复礼 / 119

　　第四目　出处进退辞受之义 / 124

　　第五目　改过及人心疵病 / 135

第四纲　论政治 / 140

　　第一目　总　论 / 140

　　第二目　治国平天下之道 / 140

　　第三目　制　度 / 154

　　第四目　齐家之道 / 157

　　第五目　处事之方 / 162

结　论 / 167

　研究问题 / 168

　参考书 / 168

中国近三百年哲学史

例　言 / 173

总　论 / 174

第一编　复演古来学术之时期 / 177

第一章　程朱学派 / 179
　　第一节　顾炎武 / 179
　　第二节　陆世仪 / 182
　　第三节　陆陇其 / 187

第二章　陆王学派 / 191
　　第一节　黄宗羲 / 191

第三章　朱王折衷派 / 197
　　第一节　孙夏峰 / 197
　　第二节　李　颙 / 199
　　第三节　曾国藩 / 202

第四章　关洛闽学派 / 205
　　第一节　王夫之 / 205

第五章　考证学派 / 209
　　第一节　考证学之渊源 / 209
　　第二节　考证学之内容 / 210
　　第三节　戴　震 / 213
　　第四节　洪亮吉 / 217
　　第五节　俞　樾　附孙诒让 / 220

第六章　实用派 / 224
　　第一节　颜　元 / 224
　　第二节　李　塨 / 229

第七章　和会儒释派 / 231
　　第一节　彭绍升　附汪缙罗有高 / 231

第八章　公羊学派 / 234
　　第一节　公羊学派之渊源 / 234
　　第二节　公羊学派之内容 / 238

第三节　康有为 / 242

　　　第四节　谭嗣同 / 249

　　　第五节　梁启超 / 252

第二编　吸收外来思想之时期 / 261

　第一章　严复 / 263

　　　第一节　略传及著书 / 263

　　　第二节　介绍之学说 / 264

　　　第三节　结　论 / 267

　第二章　王国维 / 269

　　　第一节　略传及著书 / 269

　　　第二节　性　说 / 270

　　　第三节　理　说 / 272

　　　第四节　介绍之学说 / 275

　　　第五节　结　论 / 281

宋明理学纲要

宋明理學概要

叙 文

我国学术思想，在周秦之际，勃然奋发，为创造时期。自两汉迄隋唐，无大进展，为因袭时期。迨宋代周张诸子出，遂组织清新之理学；直至于明，大儒辈出，在学术上放一异彩，世称之曰宋明理学。

宋人何以能创此理学？则以佛教自汉代入中国以后，其思想高远，学理深邃，将我国之原来思想，一切征服，儒家仅存空名。至唐代韩愈，乃起反动，尽力排斥佛教，然韩愈并不知教理，不过作几篇文字，任意谩骂，于佛教毫无所损。宋初诸儒则不然，于佛教之理，先从事研究，然后取其方法，来更新儒家之面目，故理学之兴，不能不说与佛教有深切关系。

因此世人评论，多谓宋明理学，阳儒阴佛，已非儒家之本来面目；又谓既取佛家之长，转而排佛，居心如此，对宋儒深致不满；此则皮相之见，未研究理学之内容者也：须知宋儒所取于佛者，乃其精细繁密之研究方法，用此工具，打破两汉以来之因袭，将儒家之所谓"性"，所谓"道"，所谓"阴阳"等等，一一分析而阐明其内容，故能使儒家面目更新耳。至于佛教乃出世间法，是唯心的；而理学则是世间法，是唯理的；外貌略似，而内容则迥乎不同，皮相之论，何足道哉！

宋儒之创理学者，如北宋之周张程，初非徒尚高论，皆能躬行实践，卓然为当世宗师。南宋朱熹人格之伟大，尤为孔子以后第一人。迨明朝之王阳明，更能削平大难，学问事功，震耀古今。故宋明理学之可贵，不但在学术，而亦在诸儒之人格也。

理学广大精深，欲以区区数万字，说明其内容，颇非易事。着手时与杨大膺往反磋商，先定体例，以为要述理学纲要，须把住整个理学之核心，方可穷源竟委，令读者明了。故取理学家自己研究之纲目，为之整理，于其不合于现在者去之，于其缺漏者增之，分为四纲若干目。商定之后，由大膺起草，每成一纲，寄我修改。如是年余，方成此册。固不敢认为完善，然已竭我等之心力矣。今届付印，述其始末于简端。

民国二十四年一月蒋维乔叙于因是斋

凡 例

一、本书体例已在绪论上约略说明，现在还有几点须加以叙述的。

一、本书应和拙著《中国哲学史纲要》中间的理性章参看，因二书的材料是相同的；但编制方法不一。《中国哲学史纲要》是拿哲学史的体例编制的，所以偏重问题的发生及其变化的说明。本书是拿一种概论的体例编制的，所以偏重问题的各端的叙述。因此前者有时叙述较简，但较有系统有线索。本书却较详细较明显。且《中国哲学史纲要》中间的理学思想是从《大学》《中庸》叙起的，本书却只从周子叙起。如果能将二书互相参阅，那所得的理学的观念，必较清晰且深刻。

一、本书因篇幅有限，关于引证方面，也只限于周、邵、张、二程、朱、陆、王八人的话，其余一概从略。

一、本书有数处引述的话，是间接从《近思录》引来的，本应注明原书名称及其卷数，但因《近思录》所引各家的话，和原书文句出入甚大，所以不必注明，只注《近思录》的卷数，以便参考。

绪论上

大凡做一件事,最可忧虑的,就是名不符实。如果名不符实,那就犯了荀子所说的以名乱实,或以乱实名的毛病。现在合编这部《宋明理学纲要》,绝对要避免这种毛病;但要避免这种毛病,第一步要做到的,就是先研究书名的意义,然后再审定这样的书名,应当有什么内容。所谓宋、明理学,是在中国宋、明两个朝代所发生的,所以冠上宋、明两个字,表示和其它朝代所发生的学问不同。至于叫做理学,那完全是根据它的内容而定的。因为它所讨论的对象,是宇宙一切事物的道理。例如宇宙成形的道理,人类生成的道理,怎样做人的道理,怎样治国的道理等;同时又是拿理当做宇宙万有成形的原质的,所以叫做理学。

所谓《宋明理学纲要》,是一种书名。为什么叫做纲要呢?因为这种书是叙述宋、明理学的大纲节目的,不是写它的详细组织的。至于它的发展情形,别有《宋明理学发展史》去叙述。这派学者的历史,别有《宋明理学家史传》去叙述,这些都不关涉本书的范围。《性理精义·凡例》上说:"……欲考其详,自有《伊洛渊源录》,《通鉴纲目》等书在焉。此书以性理为名,但令学者用心实学以知圣德王道之要。……"也正和我们一样的意思。

从上面的研究，这种书名的内容，既是叙述宋、明理学的大纲节目的，所以要想名实相符，就不能和这点相违背。但是理学的大纲节目，到底是怎样的呢？到底那几点是应该讨论的呢？关于这些，我们并不能擅自主张，只有把理学家自己所划分的纲目，拿来做一种参考，根据他们的标准去讨论。但自来理学家，对于理学所讨论的对象，虽然详密，却少有人把它加以分类，到后来朱子出来，因为编订《近思录》，才把理学所讨论的对象，分为十四类：第一类论道体，第二类论为学，第三类论格物穷理，第四类论存养，第五类论改过迁善，第六类论齐家之道，第七类论出处进退辞受之义，第八类论治国平天下之道，第九类论制度，第十类论处事之方，第十一类论教学之道，第十二类论改过及人心疵病，第十三类论辨异端之学，第十四类论圣贤气象。后来张南轩编次《二程粹言》，又分为十类：第一类论道，第二类论学，第三类论书，第四类论政，第五类论事，第六类论天地，第七类论圣贤，第八类论君臣，第九类论心性，第十类论人物。在这两种分类中间，虽然彼此稍有差异；但没有大出入。不过朱子所分的稍微详细，南轩所分的比较简括，事实上，朱子没有超出南轩的范围，南轩也没有超出朱子的范围。为什么彼此不会大出入呢？这也因为理学本身，只有这些纲目，如果任意添减，那就失了它的本来面目了。朱子和南轩都是理学大家，自然他们都深明理学内容，决不会乱分的。现在我们为便于叙述起见，在这两种分类中间，暂取朱子所分的做根据，但朱子没有分开纲目，只统分为十四类。现在我们把它分为纲目，而以纲统目。计四纲：第一纲论道体，第二纲论为学，第三纲论存养，第四纲论政治。第一纲统太极，太和，理，气，阴阳，心性，生，鬼神，人物等，第二纲统为学大要，格物，穷理，及教学之方等，第三纲统涵养改过迁善，克己复礼，出处进退辞受之义，改过及人心疵病，圣贤气象等，第四纲统齐家之道，制度，处事之方，及治国平天下等。但圣贤气象并不别立一目，只包括在为学大要一目里略述。至于论异端之学，因为这是理学家对他家的批评，不在理学自身的范围，所以把它删除。我们这种编制，完全是拿理学本身为中枢的，这样方才说得上是一部《宋明理学纲要》。有些人编撰《宋明理学纲要》，拿理学家为中枢，如分周子、张子、二程子、朱子、陆子、王子等编，这种编制，就不能说是《宋明理学纲要》，只能说是理学家概论，这不特名与实不符，并且叙述极难得体。因为理学家很多，如果要个个叙入，那是一部学案，如果择要叙述，拿几人做代表，那又不能表示整个的理学。所以我们一方面为顾到名实相符，一方面因为篇幅有限，不能详尽叙述，只好就理学本身的分类，用简驭繁，纲举目张，叫读者得此小册，也可明白理学的全部了。

绪论下

宋、明理学，本是一种独立的学问。但它的成形，和他种科学不同；他种科学是受社会进化必然的驱使，或研究者的努力而发现的。这理学是由中国过去的几大派思想及佛家思想正面和反面的刺激或暗示所鼓动的——当然也有社会的背景，但这力量很小——所以我们现在来做这部书，对于宋、明理学以前有关系的几派思想，要略述一下：

中国思想，在先秦时，有所谓儒家、道家、墨家、法家、名家、杂家等派，在这些派别中间，和理学正面有密切关系的，要算儒家和道家的思想。在儒家思想中间，尤以孔、孟及《易经》《大学》《中庸》的思想为最重要。汉兴，学风一变，以前的学者是偏于研究义理的；汉代忽偏于研究训诂考据，和辞章。这两种学，虽然有它本身的长处，我们不能一例轻视，但不切于实际的应用，和人生的追求。所以这两种学，后来就给理学一种反面的刺激，这也算是和理学有关系的。至于佛学，早到中国，就正史上记载，是汉永平时代传来的。佛学自传入中国以后，它的势力日渐膨大，朝野智能之士，大多崇拜着，故自汉而后，中国各代的思想，多少都和佛学发生关系，理学也逃不了这个圈套。

儒家思想，论它的总体，是偏重人事而少谈天道的。是主张人率其性，做行为的总枢纽的。是主张以仁义礼信为治国规范的。是积极务实，爱己及人，求圆满的人格的。论它的分别：那么，孔子主张性无善恶，惟视环境的熏染如何。注重德礼，而以仁为人生追求的目标，并且极端注意道德的修养。孟子主张性善，认为仁、义、礼、智四端皆天赋于人，主张扩充人的善性；但以义为追求仁的路径，故仁义并重。也主张以道德修养为人生的急务；更以为物质的力量，可帮助人们道德的修养。所以说："养生送死无憾，王道之始也。"荀子主张性恶，认为礼义是圣人所制定用以扰化恶性，而使变为善的。他不主张纯粹的感化，而主张相对感化，所以礼刑并重，凡不从礼义教化的人，就诛之以刑。又认为人生而有欲，这欲就是形成性恶的原因。也重视物质力量，以为物质可以左右道德的修养，所以也极力主张富国裕民。这三人的思想，要算孟子的思想和理学关系最深。孟子的性善及四端天赋，或良心天赋的话，是理学家最重要的部分。儒家的思想，除了上述三个人的思想以外，还有《大学》《中庸》里的思想。这两部书的思想，大致和孔、孟相同，而稍近于孟子。至于和孔、孟不同的地方，那就是《大学》《中庸》里多论天道性命，并且具体的提出了道——诚——做宇宙万有的本质，开理学以理为本体的先河。所以理学家集合孔、孟及《大学》《中庸》的思想，和《易经》一部唯生的宇宙的思想，就创立了理学。

道家思想，是从天道讲到人道的，它一面研究宇宙事物的生成，一方面仿效自然的法则，积极修养身心。又把道当作宇宙万物形成的本质，而从消长法（或对演法或辩证法）说明宇宙现象是矛盾的。于是主张清静无为，返璞归真，超脱矛盾的痛苦。这种以道为宇宙万有的本质，及积极修养身心的思想，与理学大有关系，理学以太极为本体，虽说是承受《易经》的思想，但道家的道，多少也给了理学一些影响。至于主张身心的修养，那可以说完全是受道家的影响的。

训诂考据词章之学，本身虽然不是研究思想的；但是因为这种学偏于机械和过于浮华，引起理学家的反感，于是主张舍经言心，就反对训诂考据的琐碎和词章的雕琢，主张研究心学，这心学就是理学。所以这些学问，也和理学有关系的。

至于佛家思想，它是以心为万物的本体的，就是认为宇宙万事万物都是心的幻象，宇宙中间，没有真实独立存在的东西。它的人生观是唯苦的，苦就是人生的象征。生、老、病、死，就是苦的四个阶段，这四个阶段，是人生必经的途径，谁也逃避不了的。从上面的本体观，于是演绎出它的出世观，因为宇宙万物都是因缘凑合的现象，是假的，不是真的，叫人们用观心方法，离开假的幻境，造乎绝对的真境，就可超出生死，去苦得乐。至于观心的修持方法，有多种，概括的说：就是禅定功夫。这种工夫，和理学家的修养，也有关系的。佛家还有最严密的唯识论，是关于认识问题的。对于宇宙万有以及心象，用极精细的分析法。宋明诸儒，采用这种方法，来研究学问，就创成前古未有的崭新理学，这可见佛家的方法，和理学有很大的关系。

上面是儒、道、佛三家思想，说明三者和理学的大略关系，因为篇幅有限，不能列举详细的因缘，加以比较。读者用这种眼光去检讨，可以举一反三，这也是研究学问应有的态度。

第一纲　论道体

第一目　总　论

　　这纲所讨论的是理学的宇宙论。计包括太极、太和、理、气、生、阴阳、心性、鬼神、人物等目。这纲所用的名词，都是旧名词，因为这样可以保存理学的本来面目。这纲所有的节目，在朱子《近思录》里本来是没有；但因这几点，非常重要，并且为叙述便利及阅者一目了然起见，所以把它们分开叙述。

第二目　太　极

　　自周子应用《易经》里所说"太极"的形上理想，为宇宙间一切事物的根源以后，于是太极就占了理学最重要的地位。周子认为太极是宇宙万事万物最初步的根源。由太极自身的变动——动静，它的本身上，表现出阴阳，这阴阳就是万事万物第二步的根源。再由阴阳的变合，生出五行：水、火、木、金、土，这五行就是万物第三步的根源。所谓阳变阴合，就是阴阳自身所包含成分多寡的差异。有了差异，于是形成五行。虽是五行，原不离阴阳两种元素。但因盛阴、盛阳、稚阴、稚阳的关系，才现出五种的不同。好比 H_2O 和 H_2O_2 同是氢氧两种元素的化合物，但因氢氧成分的多寡，就生出彼此的不同：一为水，一为二氧化二氢了。有了太极，有了阴阳，又有了五行，于是这些东西，随着一种神妙的配合，复凝成两种正反的气，就是天气或男气，和地气或女气，由这两种气的交感——直接相配合，或有形的配合叫做交。间接的或无形的配合叫做感。——于是化生万物，这时所化生的万物，是最原始的祖先。有了这些原始的万物以后，再一代一代嬗递下去，所谓万物生生不已，于是宇宙间的物，就变化无穷了。这就是周子所说太极为万物根源，和万物生成的程序。他的《太极图说》里有云：

> 太极动而生阳，动极而静；静而生阴，静极复动。一动一静，互为其根，分阴分阳，两仪立焉。阳变阴合，而生水火木金土。五气顺布，四时行焉。五行一阴阳也，阴阳一太极也。太极本无极也。五行之生也，各一其性，无极之真，二五之精，妙合而凝：乾道成男，坤道成女，二气交感，化生万物，万物生生，而变化无穷焉。

至于太极的本身，到底是怎样的呢？我们可以分开两方面来说：就作用而论，太极是万物的根源。朱子说：

> 圣人谓之太极者，所以指夫天地万物之根也，周子因之，而又谓之无极者，所以著夫无声无臭之妙也。《朱子文集大全类编》第六册问答卷十六答杨子直书之一

象山说：

太极亦何尝同于一物，而不足为万化根本邪？《象山全集》卷二与朱元晦书一

就其性质论，太极是一个实理。所以朱子说：

太极只是一个理字。《朱子语类》卷一理气上太极天地上

象山说：

夫太极者，实有是理，圣人从而发明之耳。同上

太极是理，理是一种想像的东西，所以他们说它是形而上的东西。周子原来认为太极是不能直接创造万物的，须要经过许多的变化，生出有形之气，才能创造万物出来。至于说太极创造万物后，太极的本身又存在事物中间，所谓物物各有一太极，周子并没有明白说出，那是后来朱子注《太极图说》才把它详细解释的。朱子说：

各一其性，则浑然太极之全体，无不各具于一物之中。《性理精义·太极图说》朱子注

太极的理论，及其意义，从周子倡导以后，张、程诸子，没有提出反对的话——也许是赞同的；但也未尝对周子所说的太极加以精细的演述。所以他们的书里，很少有关于太极的话，无怪朱子说：

抑尝闻之：程子昆弟之学于周子也，周子手是图以授之，程子言性于天道，多出于此，然卒未尝以此图示人。《性理精义

《太极图说》朱子注

张敬夫答朱子说：

> 二先生所与门人讲论问答之言，见于书者详矣，其于《西铭》盖屡言之；至此图则未尝一言及也。见朱子《太极图说》注后记

到了朱、陆时代，他们才把太极的意义，精细的讨论过，其中尤以朱子用力最多。朱子曾经注过《太极图说》，又和陆氏兄弟争论过无极而太极的名义。不过周子太极的思想，经过朱子的解释，于是唯理的一元论，就变为理气二元论。经过陆氏的争论，于是带有道家的色彩的理论，就变为纯粹理学的自己面目。等到后来黄梨洲作《太极图说讲义》说：

> 通天地，亘古今，无非一气而已。气本一也，而有往来、开阖、升降之殊，则分之为动静，有动静则不得不分之为阴阳；然此阴阳之动静也，千条万绪，纷纭胶轕，而卒不克乱，万古此寒暑也，万古此生长收藏也，莫知其所以然而然，是即所谓理也，所谓太极也。以其不紊而言，则谓之理，以其极至而言，则谓之太极，识得此理，则知一阴一阳，即是为物不贰也。

于是唯理的一元论，又变为唯气的一元论，而理只为帮助气生长万物的自然规律。

这是关于太极思想变迁的大略情形，至于理学自身的本体观变迁情形，当在后面附带说明。

第三目 太 和

"太和"是张子所创立的宇宙本体。张子虽没有反对周子所提出的本体；但他并没有沿用"太极"这个名词。他特别提出了"太和"这个名词，来命名宇宙的本体。不过名词虽不同，而"太和"与"太极"所包涵的意义，完全是相同的。太极是宇宙万物的根源，太和也是宇宙万物的根源。太极有动静两性，太和也有动静两性。太极是形而上的，太和也是形而上的。太极因动静的缘故，生出气与神（即诚），太和也因动静的缘故，而生出气与神。所以周子说：

> 太极动而生阳，动极而静，静而生阴。……阳变阴合，而生水火木金土。见前

这就是说太极生气。又说：

> 大哉乾元，万物资始，诚之源也。《周子通书》诚上第一

这就是说太极（乾元）生神（诚）。

张子也说：

> 太和所谓道，中涵浮沉，升降，动静相感之性，是生絪缊相荡，胜负屈伸之始。其来也，幾微易简；其究也，广大坚固，起知于易者乾乎？效法于简者坤乎？散殊而可象为气，清通而不可象为神。《张子全书》卷二正蒙太和篇第一

至于神气二者的作用，也是相同的。周子认为气生有形的万物，故

为人物之源。神生无形之智，故为性命之源。所以他说：

> 五气顺布，四时行焉。……二气交感，化生万物。_{见前}

这是说气的作用。

> 神发智矣，五性感动，而善恶分。_{周子《太极图说》}
>
> 诚者，圣人之本。……乾道变化，各正性命，诚斯立焉。
> 《周子通书》诚上第一

这是说神的作用。

张子说：

> 太虚无形，气之本体。……气不能不散为万物。《张子全书》
> 卷二正蒙太和篇第一

这也是说气的作用。

> 神化性命，通一无二。_{同前}

这也是说神的作用。

不过，太和与太极的意义虽同，但太极所生的气，和太和所生的气，却有些不同。太极所生的气，比较玄虚，同时形成万物的历程，也比较复杂。这话可以用前面所引的周子的话来作证，用不着再述。太和所生的气是实有的。形成万物历程，也很简单，只要"一聚"就得了。所以张子说：

若谓虚能生气，则虚无穷，气有限，体用绝殊，入老氏有生于无自然之论。同前

这点可以证明太和所生的气是实有的，不是虚幻的。

太虚不能无气，气不能不聚而为万物。万物不能不散而为太虚，循是出入，是皆不得已而然也。同前

这点可以证明气的形成万物，只须经过"聚"的一个历程。

至于太极的气，形成万物，要经过复杂的历程，这是因为气自身的形成，是要经过很复杂的历程的：最初经过太极的变动，其次经过阴阳的变合。太和所生的气，所经过的历程，是很简单的，只要太和一散就成功了。所以张子说：

散殊而可象为气。见前

太虚无形，气之本体。……气之聚散于太虚，犹冰凝释于水。同前

第四目 理

"理"这样东西，理学家也认为是一种宇宙万事万物的本质，正和太极太和一般，不过太极太和，是就这种本质的地位及其力量来命名的。理却是就这种本质和事物的关系及其作用来命名的。所以前者是本质的专名词，后者是本质的普通名词。现在把我们的证据，引述于后。朱子说：

太极只是天地万物之理。《朱子语类》卷一太极天地上

象山说：

> 极亦此理也。《象山全集》卷二与朱元晦书二

这可以证明太极即是理。

> 且夫大传之太极，何也？即两仪四象八卦之理，具于三者之先，而蕴于三者之内者也。圣人之意，正以其究竟至极，无名可名，故特谓之太极。《朱子文集大全类编》第六册问答卷七答陆子静书五

这可以证明太极的命名，是由于它的地位及其力量的。

> 理是一把线相似，有条有理。如这竹篮子相似，指其上篾曰：一条子恁地去，又别指一条曰：一条恁地去。又如竹木之文理相似，直是一般理，横是一般理。《朱子语类》卷六性情之仁义礼智等名义

这可以证明理的命名，是由于他和事物的关系及其作用的。

太极本是一个老名词，周子重新倡用的。太和却是张子所创的。他们两人，因为用了专名词去说明万有的本质，所以没有用理这个普通名词。到了二程子的时候，就抛弃了太极和太和这两个专名词，用理这个普通名词。所以二程子说明宇宙万有的本质的时候，都是用理字的。例如说：

> 天地生物，各无不足之理。《二程遗书》卷一二先生语一

万物能有是理；至如一物一事，虽小皆有是理。同上卷十五
伊川先生语一

这两句话的意思，是说理是造成万物的本质的，所以万物都有充分的理，和朱子解释太极所说的"在万物言，万物各有太极"的意义相同。但是程子并不说"天地万物各无不足之太极"。这足见程子和周、张不同。

不过彼此不同，也有他们不同的原因。为什么呢？就是周、张所主张的，是一元的本体论。所以他们极力推崇太极和太和，认为太极和太和的力量，可以产出理与气。这话已在前面讲过了。至于二程子呢？他们是主张理气二面论的，说宇宙万有，由于理和气所造成的。而理与气是相互并行的。凡有理就有气，有气也就有理。理气二者，既彼此不能分开，互为主宰，彼此的上面，也就没有一种更高的东西。例如程子说：

有理则有气。《伊川经说》卷一易说系辞
质（气）必有文（理），自然之理也。理必有对，生生之本也。有上则有下，有此则有彼。有质则有文，一不独立，二必为文。非知道者，孰能识之？《二程粹言》卷一论道篇

就可以证明二程子所说的是理气相互连系的理气二面论。有了这种主张，所以他们要用理的普通名词，而不用太极的专名词。为什么呢？因为理与气相连，彼此不能分开。要说气，必定要说理的。

用理这个名词，去说明宇宙万有的本质，自从二程子以后，后进的理学家，都是如此的。不过理气的关系，稍有分别罢了。朱子是一位拿理当作宇宙万有的本质的。所以他说：

天地之间，有理有气。……是以人物之生也，必禀此理，

然后有性；必禀此气，然后有形。《朱子文集大全类编》第六册问答卷二十九答黄道夫

但从这句话中间，我们可以知道朱子、程子不同的一点。那一点呢？就是程子主张理气二面论的。朱子却是主张理气二元论的。所以程子说："有理则有气。"朱子仅说："有理有气。"程子运用一个则字，表现出理气彼此相互的密切关系。朱子抛了一个则字，表现出理气彼此分立的关系。所以朱子又说：

所谓理与气，此决是二物。同上卷十七答刘叔文一

但从两者形成事物的关系来说，彼此还是互相密合的，所以朱子接着又说：

但在物上看，则二物浑沦，不可分开，各在一处；然不害二物之各为一也。同上

除了朱子以外，陆象山、王阳明等都是同样拿理去说明宇宙万有的本质的。所以象山说：

此理在宇宙间，未尝有所遁隐；天地之所以为天地者，顺此理而无私耳。人与天地并立而为三极，安得自私而不顺此理哉？《象山全集》卷十一与朱济道书

阳明说：

心之本体，即是天理。《阳明全集》传习录中答问道书之一

现在还有一点要叙述的，就是"理一分殊"的问题。"理一"是说万物的形成，都是同一个原理的。这原理是什么？就是生物的造成，都是由两性而来的。这两性是什么？是乾父坤母。"分殊"是说天地万物虽一理而生，但因万物是由二气交感而成的，气的化生万物，又是有先后的，所以同属血缘，个个要先爱他们自己的父母，和他们的儿女。因此天地间的生物就生出：大小的分别，亲疏的差等，和贵贱的不同，这就是分殊。

说明理一分殊的道理的人是张子他的《西铭》一篇文章，完全是阐明这个道理的。现在节述在下面：

> 乾称父，坤称母，予兹藐焉，乃混然中处。故天地之塞，吾其体；天地之帅，吾其性。民吾同胞，物吾与也。大君者，吾父母宗子，其大臣，宗子之家相也。……《张子全书》卷一 西铭

建立这理一分殊名词的人是程子。他在给他的弟子杨时《论西铭书》里曾说过：

> 《西铭》明理一而分殊。《伊川文集》卷五与杨时论西铭书

这个问题，自张子阐明，经程子建立，再加朱子的解释和注说以后，就非常显明了。现在把朱子所说的话，引一段在下面：

> 论曰：天地之间，一理而已，然乾道成男，坤道成女，二气交感，化生万物，则其大小之分，亲疏之等，至于十百千万而不能齐也。不有圣贤者出，孰能合其异，及其同哉？《西铭》

之作，意盖如此。程子以为明理一而分殊，可谓一言以蔽之矣。盖以乾为父，以坤为母，有生之类，无物不然，所谓一理也。而人物之生，血脉之属，各亲其亲，各子其子，则其分亦安得而不殊哉？一统而万殊，则虽天下一家，中国一人，而不流于兼爱之弊。万殊而一贯，则虽亲疏异情，贵贱异等，而不梏于为我之私，此《西铭》之大指也。朱子《论西铭》见《张子全书》卷一西铭篇后

第五目 气

"气"这样东西，也是宇宙的本质，和理的地位相同。从前面所引的周子、张子的话说中间，已经可以看到大概，现在再引些话来证明。程子说：

> 万物之始皆气化。《二程遗书》卷十八伊川先生语四

朱子说：

> 天命流行，必二气五行，交感凝聚，然后能生物也。《朱子文集大全类编》第七册杂著卷之三明道论性说

阳明说：

> 风、雨、露、雷、日、月、星、辰、禽、兽、草、木、山、川、土、石与人，原只一体。故五谷禽兽之类，皆可以养人，药石之类，皆可以疗疾；只为同此一气，故能相通耳。《阳明全书》卷三传习录下

理与气虽同为造成万物的本质，但彼此的性质和功用却有些不同。

现在先说理和气的自身的性质。

理是一种理想的，抽象的，形而上的，看不见，捉摸不着的东西。所以张子说：

> 清通而不可象为神（神即理）。见前

程子说：

> 道（理）太虚也，形而上者也。《二程粹言》卷一论道篇

朱子说：

> 理也者，形而上之道也。《朱子文集类编》第六册问答卷二十九答黄道夫书

至于气呢？它是一种现实的，有象的，形而下的东西。张子说：

> 散殊而可象为气。见前

程子说：

> 阴阳气也，形而下也。同前
> 以气明道，气亦形而下者耳。《二程粹言》卷一论道篇

朱子说：

> 气也者，形而下之器也。同前

气则形而下者也。《朱子文集大全类编》第七册杂著书之三明道论性

凡有形有象者，皆器也。同上第六册问答卷之七答陆子静六

理气的功用：

理是形成一种事物的基本原则，好像一种模型。至于气呢？是造成事物的原料，这种原料，随着理的线索，形成出一种有形有象的物件出来。所以理是形成事物的性的。气却是形成事物的质的，周子所说的：

> 二气交感，化生万物，万物生生，而变化无穷焉；惟人也，得其秀而最灵。形既生矣……

可以证明气是创造物的形质的。

> ……神发智矣。以上均周子《太极图说》

可以证明理是创造物的性的。

除了周子以外，还有张子、程子所说的话，可以证明。例如张子说：

> 气聚则离明得施而有形。《张子全书》卷二正蒙太和篇第一

程子说：

> 有形总是气。《二程遗书》卷六二先生语六
> 浩然之气，既言气，则已是大段有形体之物。《二程遗书》卷十五伊川先生语一

朱子说：

> 气也者……生物之具也。见前

都可以证明气的功用，是创造物的形质的。

张子所说的：

> 神化性命，通一无二。《张子全书》卷二正蒙太和篇第一

程子说：

> 所谓人者，天地之心，及天聪明自我民聪明止，谓只是一理。《二程遗书》卷十五伊川先生语一

朱子说：

> 性者理之全体，而人之所得以生者也。《朱子文集大全类编》第七册杂著卷之三尽心说
>
> 理也者……生物之本……是以人物之生，必禀此理，然后有性。见前

都可以证明理是创造物的性的。

理与气既同是宇宙万有的本质，那么这两种东西，到底那样先有，那样后有呢？

据我们研究，在周子、张子思想中间，因为理与气都是由太极或太和所生，所以彼此没有先后的程序。程子呢，他是主张理气互主，有理便有气，有气便有理，彼此不能分离，所以也没有先后的程序。惟有朱

子，因为他所主张的是理气二元论，理与气分开。理与气既分开为两样东西，那么自然有先后了。据朱子的意见：理先有而气后有。所以他说：

> 理与气本无先后之可言，然必欲推其所从来，则须说先有是理，然后有是气。《朱子语类》卷一理气章

理与气的性质、功用，和它们的程序，既说过了，现在要来叙述理与气二者对物的关系程度。

理气对于物的关系程度，是彼此不相同的。理对于物是无所亏缺的，所以物物都有充分的理。例如程子说：

> 天地生物，各无不足之理。见前

朱子说：

> 论万物之一原，则理同而气异。《朱子文集大全类编》第六册问答卷之十七答黄商伯四

象山说：

> 千万世之前，有圣人出焉，同此心，同此理也。千万世之后，有圣人出焉，同此心，同此理也。东、南、西、北海有圣人出焉，同此心，同此理也。《象山全集》卷二十二杂著杂说

阳明说：

> 圣人之所以为圣，只是其心纯乎天理……以夷、尹而厕之

尧、孔之间，其纯乎天理同也。《阳明全书》卷一传习录上

都可以证明理对于物的关系，都是同样的程度，没有什么亏缺偏全的。至于气对于物，却有偏全了。例如周子说：

> 二气交感，化生万物，万物生生而变化无穷焉；惟人也得其秀而最灵。见前

程子说：

> 人生气禀，理（此理字非指实理言，是指理当如此）有善恶，然不是性中原有此两物相对而生也。有自幼而善，自幼而恶，是气禀有然也。《二程遗书》卷一二先生语一

张子说：

> 性通极于无气，其一物尔。……人一己百，人十己千，然有不至，犹难语性，可以言气。《张子全书》卷三正蒙乾称篇第十七

象山说：

> 人生天地之间，禀阴阳之和，抱五行之秀，其为贵，孰能加焉。《象山全集》卷三十程文天地之性人为贵论

阳明说：

> 然圣人之才力，亦有不大小同，犹金之分两有轻重。《阳明

全书》卷一传习录上

都可以证明气对于物的关系，有多少偏全之不同。

理对事物既是同样的关系，那么由理所造成的东西，自然也没有什么差异。至于气因为它对于物有偏全的关系，由它所造成的东西，就有很多的差异。程子说：

> 性出于天（理），才出于气，气清则才清，气浊则才浊。……才则有善与不善，性则无不善。《二程遗书》卷十九伊川先生语五

> 语其性皆善也，语其才则有下愚之不移。《伊川易传》卷四下经下草上六传

张子说：

> 人之刚柔缓急，有才与不才，气之偏也。天本参和不偏。《张子全书》卷二正蒙诚明篇第六

象山说：

> 人生天地间，气有清浊，心有智愚，行有贤不肖，必以二涂总之；则宜贤者，心必智，气必清；不肖者，心必愚，气必浊。《象山全集》卷六与包详通书一

从上面的研究，可知道气是有形体的形而下的东西，有形体和形而下的东西，自然有它自身的本质或生灭。所以现在要讨论这两个问题。关于这两个问题，都有两种意见：张子主张气的本质就是太虚，太虚就

是自然的太空。他说：

> 太虚无形，气之本体。
>
> 知虚空即气，则有无隐显，神化性命，通一无二。……若谓虚能生气，则虚无穷，气有限，体用绝殊，入老氏有生于无自然之论。以上均正蒙太和篇第一

程子主张人气生于真元，天气自然而生。所以他说：

> 人气之生，生于真元，天之气亦自然生生不穷。《二程遗书》卷十五伊川先生语一

张子主张气没有生灭，只有聚散或伸屈。这点和现在物理学上物质不灭的道理相同。他说：

> 太虚不能无气，气不能不聚为万物；万物不能不散为太虚；循是出入，是皆不得已而然也。

这是说气有聚散。

> 气聚则离明得施而有形，气不聚则离明不得施而无形。方其聚也，安得不谓之客？方其散也，安得遽谓之无？
>
> 气之聚散于太虚，犹冰凝释于水。
>
> 其（气）聚其散，变化之客形尔。以上均《张子全书》卷二正蒙太和篇第一

这是说气只有伸屈和聚散，没有什么生灭。并且聚的气也就是散的

气，散的气也就是聚的气，这是一种唯有的宇宙观。至于程子恰和张子相反。所以程子的话就更虚玄了。现在引一段加以证明：

> 若谓既返之气，复将为方伸之气，必资于此，则殊与天地之化不相似。天地之化，自然生生不穷，更何资于既毙之形，既返之气，以为造化？近取诸身：其开阖往来，见之鼻息；然不必须假吸复入以为呼，气则自然生。人气之生，生于真元，天之气自然生生不穷。至如海水，因阳盛而涸，及阴盛而生，亦不是将涸之气却生，水自然而能生，往来屈伸，只是理也。盛则便有衰，昼则便有夜，往则便有来，天地中央如洪炉，何物不销铄了？《二程遗书》卷十五伊川先生语一

> 近取诸身，百理皆具。屈伸往来之义，只于鼻息之间见之，屈伸往来，只是理，不必将既屈之气，复为方伸之气，生生之理，自然不息，如复卦言七日来复，其间元不断续，阳已复生，物极必返，其理须如此，有生便有死，有始便有终。同上

第六目　生

所谓"生"是什么？是理学的宇宙观。理学家承受《易经》《中庸》里"生生不易，化育万物"的思想，建立了一种唯生的宇宙观，再由这唯生观推广，而建立唯生的人生观。关于后点，当在《存养纲》里详述，这目只叙述唯生的宇宙观。这派人物认识宇宙唯一活动的意义和目的，就是生和着维持生的现象。所以周子说：

> 天以阳生万物，以阴成万物。《周子全书》卷二通书顺化篇第十一

邵子说：

　　观春则知易之所存乎？……易之易者，生生之谓也。《皇极经世》观物内篇四

　　夫变者，昊天生万物之谓也。同上

张子说：

　　天道四时行，百物生。无非至教。《张子全书》卷二正蒙天道篇第一

程子说：

　　生生之谓易，是天之所以为道也。天只是以生为道。继此生理者，即是善也。《二程遗书》卷二上二先生语二上

　　观生理则可以知道。《二程粹言》卷上论道篇

朱子说：

　　天地以生物为心者也。……此心何心？在天地则怏然生物之心。《朱子文集大全类编》第六册杂著卷三仁说

陆子说：

　　位乎上而能覆物者，天也；位乎下而能载物者地也。……天地之间，何物而非天地之为者？《象山全书》卷二十九程文天地设位篇

理学这种唯生的宇宙观以及唯生的人生观，换一句话来说，可以说是积极的动的宇宙观和人生观，所谓积极的意思，是说不仅动，还要在这动的过程中表现出一种伟大的意义！所以生就是动，这派人既主张唯生观，自然是主张动的，而且看重动的。所以程子说：

> 一阳复于下，乃天地生物之心也。先儒皆以静为见天地之心，盖不知动之端乃天地之心也。非知道者孰能识之？《伊川易传》卷二上经下复卦象传

但后儒还说理学家是唯静的，这真是"非知道者孰能识之"呵！

第七目 阴 阳

阴阳的意义很复杂，应用也很广大。就它的性质说，是一种较复杂而进一层的物的基本质素。一切物都从这种基本质素，相演而成，所以任何物都少不了它。这话已在太极目里申述过。就它的作用说，是形成事物的一种规律。这规律，是两性对偶互相生成的一种规律。宇宙的物，须遵照这规律，方才能完成，否则是没有希望的。

现在先引一些话来证明阴阳是一种较复杂而进一层的基本质素。周子说：

> 太极动而生阳，动极而静，静而生阴，静极复动，一动一静，互为其根，分阴分阳，两仪立焉。阳变阴合，而生水火木金土。见前

从这段话，可知道阴阳所居的地位，且为最初造成万物的。张子说：

造化所成，无一物相肖者，以是知万物虽多，其实无一物无阴阳者。以是知天地变化二端而已。《张子全书》卷二正蒙太和篇第一

这是说明阴阳为一种进一层的基本质素。程子说：

阴阳气也。见前

这是说阴阳就是气，阴阳既等于气，而气是一种本质，那么阴阳自然也是本质了；但两者虽相等，中间还有不同的地方。关于这点已在《太极目》中，详细说明了。

阴阳既是万物的本质，它到底是有形质的，还是没有形质的呢？关于这点，有两派的主张：程子和朱子主张阴阳是形而下有形质的东西，象山主张阴阳是形而上没有形质的东西。程子说：

离阴阳则无道，阴阳气也，形而下也。《二程粹言》卷一论道篇

朱子说：

至于太传既曰：形而上者，谓之道矣。而又曰：一阴一阳之谓道，此岂真以阴阳为形而上者哉？正以见一阴一阳虽属形器，然其所以为一阴一阳者，是乃道体之所为也。《朱子文集大全类编》第六册问答卷七与陆子静五

象山说：

> 至如直以阴阳为形器，而不得为道，此尤不敢闻命。……
> 今顾以阴阳为非道，而直谓之形器，其孰为昧于道器之分哉？
>
> 《象山全集》卷二与朱元晦二

阴阳是一种基本质素的话，既已证实了，现在来证明阴阳是宇宙活动规律的话。在我国古代思想界里，本有一种消长法的思想。消长的意义，是说宇宙的活动，由长渐渐到消，由消又渐渐到长，在一消一长中间，整个的宇宙就向前推动。这种思想在《易经》里，表现得最明显。理学家对于《易经》的思想是接受了一大部分的，所以对于宇宙活动的规律，也和《易经》有相似的主张。不过《易经》里所说的宇宙活动的规律，是一种开展无限制的形式，由长而消，由消而长，又由长而消，由消而长，没有止境。所以《易经》六十四卦最末了一卦是"未济"，未济是说宇宙向前推动终没有止境的意思。至于理学家所主张的宇宙活动的规律，是一种相对的有限制的形式。所谓相对，是说宇宙的活动，完全由两种性质相反的力互相推动的。所以张子说：

> 天道不穷，寒暑已；众动不穷，屈伸已；鬼神之实，不越二端而已矣。两不立，则一不可见；一不可见，则两之用息。两体者，虚实也，动静也，聚散也，清浊也，其究一而已。感而后有通。不有两则无一，故圣人以刚柔立本，乾坤毁则无以见易，游气纷扰，合而成质者，生人物之万殊。其阴阳两端，循环不已者，立天地之大义。日月相推而明生，寒暑相推而岁成。《张子全书》卷二正蒙太和篇第一

张子这些话，都是说明宇宙整个活动，是遵照两种对偶法则，互相推演，而成一切事物的。除了张子以外，程子、朱子、陆子、王子都有同样的话。现在一一引述在后面，以资证明。程子说：

天地之间皆有对：有阴则有阳；有善则有恶。《二程遗书》卷十五伊川先生语一

易道广大，推远则无穷，近言则安静而正。天地之间，万物之理，无有不同。乾静也专，动也直。专，专一，直，直易。惟其专直，故其生物之功大；坤静翕动辟，坤体动则开，应乾开辟，而广生万物。广大天地之功也，变通四时之运也。一阴一阳，日月之行也。乾坤易简之功，乃至善之得也。《伊川经说》卷之一易说系辞

朱子说：

阴阳虽是两个字，然却只是一气之消息：一进一退，一消一长。进处便是阳，退处便是阴。长处便是阳，消处便是阴。只是这一气之消长，做出古今天地间无限事来。所以阴阳做一个说亦得做两个说亦得。《朱子全书》卷四十九理气一阴阳说

阴阳有相对而言者，如东阳西阴，南阳北阴是也。有错综而言者，如昼夜寒暑，一个横，一个直是也。同上

象山说：

易之为道，一阴一阳而已：先后，始终，动静，明晦，上下，进退，往来，开阖，盈虚，消长，尊卑，贵贱，表里，隐显，向背，顺逆，存亡，得失，出入，行藏，何适而非一阴一阳哉？《象山全集》卷二与朱元晦二

阳明说：

阴阳一气也，一气伸屈而为阴阳。《阳明全书》传习录中答陆原静书。

第八目　心　性

心性的问题，在理学中间，所占的地位，非常重要。现在先把心和性说一番。

心就是一个小宇宙，是一种虚明能藏的东西。象山说：

> 宇宙便是吾心，吾心便是宇宙。《象山全集》卷二十二杂著杂说

这就是说心是一个小宇宙。邵子说：

> 心者，性之郛郭也。《击壤集》序

朱子说：

> 灵处只是心。《朱子全书》卷四十四性理三心说
>
> 心以性为体，心将性做馅子模样。《朱子语类》卷五性理二性情心意等名义
>
> 人皆有是心；心能具是理。《象山全集》卷二十二杂著杂说

这就是说心是一种虚明能藏的东西。

心是小宇宙，是虚明能藏的东西，那么它所藏的东西是什么？是性。在上面邵子和朱子、象山的话说中间，已经可以看出一个大概。现在再引一些话作证。张子说：

> 心统性情者也。《张子全书》卷十二语录

阳明说：

> 性是心之体。《阳明全书》传习录上

所谓性是心之体，是说心所包涵的是性，而性却在中间，做了心的实体。所以朱子又说：

> 性是理，心是包该载敷施发用底。同前

但性的本身到底是什么？性就是宇宙的理。随人物生时，就藏在心的中间，因为这理随人物而生而藏，所以叫它做性，不叫做理。其实理和性是一样的，不过所处的地位不同罢了。如果我们知道了理，就可以知道性的。现在引理学家的话来证明这说。朱子说：

> 性只是理，以在人所禀，故谓之性。《朱子文集大全类编》第六册问答卷三十答陈卫道二

这是说明性即理，以及所以叫做性的原因。程子说：

> 性即理也，所谓理性是也。《二程遗书》卷二十二上伊川先生语八上

阳明说：

> 性即理也。《阳明全书》卷二传习录中

性既是理，又是心的体，那么理、性、心三者的关系，一望就可以

知道了。性与理是二而一，一而二的。说性也可，说理也可。好比水与 H_2O 是二而一，一而二的东西。我们说水也好，说 H_2O 也好。至于心和性，前者是后者的郭郭，后者是前者的实体。所以就其总体来说，心就是性。就其实质来说，性就是心。两者也是一而二，二而一的。所以理学家为解释的便利，或立说的便利，有时说心即理，有时说性即理。这样说法，并没有什么差异。但后来一班人，因为没有从心性理三者内容去研究，就误以为陆、王多说心即理，是唯心派。程、朱多说性即理，是唯理派。其实他们的思想都是一般的。虽然陆王多说些关于心的话，好像是唯心论者，然他们的哲学思想，绝对和西洋的唯心论，以及印度佛家的思想不相同。因为唯心论以及佛家的思想，是绝对不承认外界有什么东西独立存在的。至于理学家说心，不过说心外万物的理，存在人们心中，并没有说心外的万物，也是人们心造的。所以这派人物是承认心外有物有理独立存在的。现在引理学家的话来证明。邵子说：

> 天地之道备于人，万物之理备于身。邵子《渔樵问答》樵者言

程子说：

> 一身之上，百理具备。《二程遗书》卷二下二先生语下

这可以证明人们的心中具备了万物的理；但只具备而已，并没有创造。象山说：

> 此理充塞宇宙间，如何由人杜撰得？《象山全集》卷三十五语录
> 此理在宇宙间，固不因人明不明，行不行，而加损焉。《象山全集》卷二与朱元晦二

这可以证明心外有独立存在的理。而理之充塞于天地，并非人们的心所幻演出来的。

心和性是怎样，既叙述过了，现在要叙述心和性对于人的关系。心是一身的主宰，如同蒸汽机车的发动机一般。一个人有了心就能推动一切的行为。所以朱子说：

> 心属火，是个光明发动的物。《朱子全书》卷四十四一性理三心说

> 心则人之所以主于身，而具是理者也。《朱子文集大全类编》第七册杂著卷之三尽心说

阳明说：

> 心者一身之主也。《阳明全书》传习录中答顾东桥书

至于性呢？是一种种子，一切事物，都是由性发生的。所以张子说：

> 性者万物之一源。《张子全书》卷二正蒙诚明篇第一六

朱子说：

> 性者理之全体，而人之所得以生者也。同前

心性对于人的关系，既明白了。应该叙述良心性善的问题。先述性善：理学家个个都认为性是善的。周子说：

> 乾道变化，各正性命，诚斯立焉，纯粹至善者也。《周子通

书》诚上第一

程子说：

人性本善……曰语其性，则皆善也。《伊川易传》卷之四下经下革卦革上六

性则无不善。《二程遗书》卷十九伊川先生语五

张子说：

性于人无不善。同前

朱子说：

人性无不善，虽有桀纣之为，穷凶极恶，也知此事是恶。《朱子全书》卷四十二性理一

象山说：

人性本善，其不善者，迁于物也。《象山全集》卷三十四语录

阳明说：

天命之性，粹然至善。《阳明全书》卷二十六续编一大学问

至善之性，原无一毫之恶。《阳明全集》传习录中

性既是善的，那么心自然也是良善的。为什么？因为性是心的体，

世间的东西，绝对没有体是善的，而形会变做恶的。孟子说："有诸内，必形诸外。"就是这个意思。因为如此，所以理学家也认为心是良善的。例如象山说：

> 能顿弃勇改，无复回翔恋恋于故意旧习，则本心之善乃始著明。《象山全集》卷十二与陈正己书

就可以证明这点。不过善与良的意义，不是普通所说的好坏良善，这里所说的善和良另外有一种标准的意义。善的标准意义是什么？是能生。凡含有生的意义，才是善的。所以程子说：

> 天道只是以生为道，继此生理者即是善也。善便有一个元（即生意，朱子说：元者生意）底意思。元者善之长，万物皆有春意，便是继之者善也。《二程遗书》卷二二先生语二上

良的标准意义是什么？是灵。灵的实效就是不学而知。
阳明说：

> 心之虚明灵觉，即所以本然之良知也。《阳明全集》传习录卷中答顾东桥书

朱子说：

> 盖人心之灵，莫不有知。《大学章句》序说

性既是善的，那为什么有些人有恶性表现在行为上呢？心既是良的，为什么有些人偏有不良的心理表现呢？这有两种原因。先说性：

性所以有恶，并非原来的性就包涵了这恶的。原来的性是纯粹至善，丝毫没有恶的。恶的性是气质所使然的。气质怎样会使性由善变成恶呢？因为人物生的时候，理搭在气上，那搭在气上的理就成了性。这个性所搭的气，不能个个人，或者样样物都是一样的，而是有偏正清浊的。因此性也就受了气的限制：凡正气和清气，使性完全成为善；偏气和浊气，就使性不能完全成为善，而成为恶。所以理学家把性分成两类：一为未搭在气上的性，这性是善的；一为已搭在气上的性，这种性是恶的。前者称为天地之性，后者称为气质之性。张子说：

形而后有气质之性，善反之，则天地之性存焉。同前正蒙诚明篇第六

朱子说：

有天地之性，有气质之性。天地之性，太极本然之妙，万殊之一本也。气质之性，二气交运而生，一本而万殊者也。江永《近思录集注》引朱子语

这是说明性有两种，和这两种性的怎样生成。
朱子说：

论天地之性，则专指理言；论气质之性，则以理与气杂而言之。《朱子语类》卷四性理一

这是说明天地之性，和气质之性的异同及成分。
但这种气质之性，到底怎样形成的呢？是不是当一个人由母胎堕地以后，才形成的呢？不是的；是在未出胎以前，精与卵两者刚结合，气

与理刚配合的时候就形成的。等到堕出母胎,这气质之性,早已完成了。程子说:

> 生之谓性,性即气,气即性,生之谓也。《二程遗书》卷一二先生语一

这就是说人物初生的时候,在所以生的气上面,天地之性已存那儿,天地之性既在刚生的时候就存在气质上面,那气质之性,自然是生来就有的。人刚生的时候,就有气质之性,气质之性是恶的,那么从时间来说,善固是人的性,恶也可以说是人的性。因为这种恶不是生后才得到的,是在母胎里就得到了。所以程子说:

> 善固性也;然恶亦不可不谓之性也。同上

恶既是由理搭在气上而形成的,并不是原来有的,那么依照物理学的原理来说,这种恶是可以去掉的。例如水有浊有清,清是水本来的状态,浊不是水本来的状态,是一种泥水的混合,我们可以用沙滤和蒸馏的方法把水澄清。所以对于恶,我们也可以用方法把它去掉;去恶的方法,理学家叫做"反",反就是恢复原来天地之性,也就是变化气质的意思。关于这层理论,当留到第二纲再来讨论。

关于心性的问题叙述过了,现在把情与才附带的说一说:

情是什么?情是性的作用,就是性的活动。程子说:

> 情者性之动也。《二程粹言》卷二心性篇

情既是由性动而成的,那么,性是善的。情到底是善的还是恶的呢?理学家认为情有善有恶。朱子说:

性才发便是情，情则有善有恶，性则无善无恶。《朱子语类》卷五性情心意等名义

邵子说：

任我则情，情则蔽，蔽则昏矣。《皇极经世》卷八下心学第十二

才是什么？才是气的作用。理学家认为才是有善的。程子说：

性出于天，才出于气。气清则才清，气浊则才浊。……才则有善有不善，性则无不善。《二程遗书》卷十九伊川先生语五

如何是才？曰：如材直是也。譬如木曲直者性也；可以为轮辕，可以为梁栋，可以为榱桷者才也。今人说有才乃是言才之美者也。才乃人之资质，循性修之，虽至愚恶，可胜而为善。同上卷二十二伊川先生语八上

朱子说：

一般能为者谓之才。初亦无不善，缘他气质有善恶，故才亦有善恶。江永《近思录集注》第一卷引朱子语解前程子语。

第九目 鬼 神

从来我国学者，多信仰鬼神是有的，不过有一神的和多神的分别罢了。到了宋、明时代，一般理学家却不然了。他们虽没有提倡无神论，

但并不像过去的学者,说鬼神是超越存在的。而说鬼神是泛有的。所谓鬼神泛有的话,是说宇宙间并没有独立存在而超越事物的鬼神,指挥万物的生成。只有一种自然的能力,创造万物这种自然的能力就是鬼神。所以张子说:

鬼神者,二气之良能也。《张子全书》卷二正蒙太和篇第一

这种鬼神的意义,具体的说,就是阴阳二气的屈伸往来。阴阳二气,是宇宙万有的基本要素,一切事物,都是由它生成的。但阴阳怎样生成事物呢?就因它有一种自然屈伸的趋势,阴阳伸,那么万物就因之而生成,阴阳屈,万物就因之而消灭。这一伸一屈,就是鬼神的作用。鬼是归的意思。由阴阳二气凝成的物体,有时忽然分解了,这分解,就是物体回复阴阳的地位,所以叫做归。例如水是氢氧二气所成的,我们用电解的力量,把水分解,仍旧变成氢氧二气,这就是水归于气,水所以能归于气,就是鬼的作用。神就是成的意思,阴阳两种气本是分散的,有时忽然凝成一物,这凝成,就是二气生成了一种东西,所以叫做成。例如氢氧二气,原来是分开的,我们利用一种化合作用,使它们凝成水,这不是气成了水吗?气成了水就是神的作用。所以张子说:

众动不穷,屈伸已。鬼神之实,不越二端而已矣。同前
鬼神,往来屈伸之义。《张子全书》卷二正蒙神化篇第四

以上是张子解释鬼神等于屈伸的话。他又说:

物之初生,气日至而滋息,物生既盈,气日反而游散。至之谓神,以其伸也;反之为鬼,以其归也。同上动物篇第五

这是张子拿归成说明鬼神意义的话。

关于上述的话，不特张子的话可以证明，还有程子、朱子等人的话，也可以证明的。例如程子说：

> 鬼神者，造化之迹也。《伊川易传》卷之一上经上乾
> 易说鬼神，便是造化也。《二程遗书》卷二十二上伊川先生语八

这和张子所说的"鬼神二气之良能也"意思是一样的。不过程子的这话稍微含混；但是程子也有些话是很明白的。例如他说：

> 聚为精气，散为游魂，聚则为物，散则为变，观聚散则鬼神之情状著矣。万物之始终，不越聚散而已。鬼神者，造化之功也。《二程粹言》卷二人物篇

这是说鬼神就是聚散归成的话，和张子所说鬼神是往来屈伸的话正相同。

> 孝弟之至，通于神明。神明孝弟，不是两般事，只孝弟便是神明之理。《二程遗书》卷十八伊川先生语四
> 卜筮之能应，祭祀之能享，亦只是一个理。蓍龟虽无情，然所以为卦，而卦有吉凶，莫非有此理；以其有是理也，故以是问焉，其应也如响；若以私心及错卦象而问之，便不应，盖没此理；今日之理，与前日已定之理，只是一个理，故应也。至如祭祀之能享亦同，鬼神之理在彼，我以此理向之，故享也，不有二三，只是一理也。如处药治病，亦只是一个理，此药治个如何，气有此病，服之即应，若理不契，则药不应。《二程遗书》卷二下二先生语下

这两段是程子说宇宙间没有独立存在的鬼神，操纵事物的成败。一切事物的成败，全在合理与不合理。合乎理就能成，不合理就要败的。这种话，不特是泛神论，简直是无神论了。所以他又说：

> 古之言鬼神，不过着于祭祀，亦只是言如闻叹息之声，亦不曾道闻如何言语，亦不曾道见如何形状。如汉武帝之见李夫人，只为道士先说与在甚处，使端目其地，故想出也。然武帝作诗，亦曰是邪非邪。尝问好谈鬼神者，皆所未曾闻见，皆是见说，烛理不明，便传以为信也。假使实所闻见，亦未足信，或是心病，或是目病。如孔子言人之所信者目，目亦有不足信者耶？此言极善！同上

这段话是从心理学的立场，否认鬼神的超越存在，很是有力！程子而外，朱子也曾说过：

> 鬼神者，造化之迹，屈伸往来二气之良能也，天地之升降，日月之盈缩，万物之消息变化，无一非鬼神之所为者，是以鬼神虽无形声，而遍体乎万物之中，物莫能遗。《文集大全类编》第六册问答卷十三答吴晦叔书第二

这是朱子说鬼神是造化之迹，二气之良能，不是超越万物的，而是遍体乎万物之中的。

> 鬼神通天地间一气而言，魂魄主于人身而言；方气之伸，精魄固具，然神为主，及气之屈，魂气虽存，然鬼为主。气尽则魄降而纯于鬼矣。故人死曰鬼。同上卷十五答梁文叔四

这是朱子说鬼就是体散而归于气的话。

他们这种泛神论的主张，完全是一种自然主义的思想，所谓自然主义思想，是认为宇宙万物的成就，完全是自然成功的，并没有另外一种东西操纵的。所以理学家把鬼神看做这样一种作用，而不看做一种实体。至于发生鬼神这种作用，别有一种实体。这实体叫做什么？叫做诚——一种实理。朱子说：

> 鬼神之体，便只是个诚。以其实有是理，故造化发育响应感通，无非此理。所以云体物而不可遗。非为人心能诚，则有感应也。《文集大全类编》第六册问答卷十一答何叔京第十二

这是朱子说明鬼神是一种作用，鬼神别有一种实体叫做诚。在朱子以前，周子也有这种话。他说：

> 寂然不动者，诚也；感而遂通者，神也。《周子通书》圣第四

这是把诚看做实体，所以是寂然不动的。把神看做作用，所以是感而遂通的。这派人物，既以自然主义的立场，来说明鬼神的话，于是他们的言论里充满了自然主义的色彩。例如周子说：

> 发微而不可见充周不可穷之谓神。《周子通书》诚幾德第三

张子说：

> 无心之妙，非有心所能及也。
> 不见而章，已诚而明；不动而变，神而化也；无为而成，

为物不贰也。以上《张子全书》卷二正蒙天道篇第三

这都是自然主义的话。

第十目 人 物

这目所讨论的,是人物所以形成及其关系与比较等问题。

理学家认为人和物二者的基本质素,是彼此相同的。这种基本质素是什么?是气与理两样东西:气是有形体的,形而下的东西。理是无形体的,形而上的东西。气是造成人物的实体的。理是造成人物的性的。现在分条引述理学家的话来作证。但有许多话已在前面叙述过,这里就不赘。程子说:

> 万物之始,气化而已。《二程粹言》卷六物篇

张子说:

> 气不能不聚而为万物。《张子全书》卷二正蒙太和篇第一

这可以证明人物都是由气所造成的。程子说:

> 万物之理皆至足。
> 无物无理。以上均《二程粹言》卷二人物篇

张子说:

> 性者,万物之一源,非有我之得私也。《张子全书》卷二正蒙

诚明篇第六

这可以证明人物的形成包涵有理的。朱子说：

> 天地之间，有理有气。……是以人物之生，必禀此理，然后有性；必禀此气，然后有形。《朱子文集大全类编》第六册问答卷二十九答黄道夫

这段话既可以证明人物的造成，有气有理，并且可以证明气是造成实体的，理是造成性的。

人与物既是都由气与理造成的，那么人与物就不该有什么差异。但事实上人是人物是物，彼此绝对不能相混，这是什么原因呢？大概可分为两点：

第一点是人与物虽然同是由气所造成，但人与物彼此所得的气的成分，并不相同。

人所禀的气，是秀而纯的。物所禀的气，是粗而杂的。所以周子说：

> 二气交感，化生万物。……惟人也，得其秀而最灵。周子《太极图说》

张子说：

> 利者为神，滞者为物。同上

程子说：

> 气之所钟，有偏有正，故有人物之殊。

刘安节问曰：太古之时，人物同生。子曰：然。纯气为人，繁气为物乎？子曰：然。以上《二程粹言》卷二人物篇

人得天地之正气而生，与万物不同。《二程遗书》卷八十伊川先生语四

象山说：

人生天地之间，禀阴阳之和，抱五行之秀，其为贵，孰得而加焉？《象山全集》卷三十程文天地之性人为贵论

朱子说：

二气五行，交感万变，故人物之生，有精粗之不同。自一气而言之，则人物皆受是气而生；自精粗而言，则人得其气之正且通者，物得其气之偏且塞者；惟人得其正，故是理通而无所塞，物得其偏，故是理塞而无所知。《朱子语类》卷四性理一人物之性气质之性

第二点，是人所得宇宙之理厚，物所得宇宙之理薄。所谓厚薄就是物只禀得所以为物的理，而人却禀有为人的理，兼万物的理。所以程子说：

万物皆备于我心。《二程粹言》卷二人物篇
一身之上，百理具备。《遗书》卷二下二先生语下

邵子《渔樵问答》中樵者说：

> 天地之道备于人，万物之理备于身。

物与人的成分，既有差异，而人又具备万物的理，于是人与物在宇宙中间的地位，就显然有高低：第一是人为贵。这话已见前面所引周子、陆子各条。第二是我们研究物理，从各个物去研究，固然可以得到它的理；但能及身而诚，从内心去用功，也可以得到万物的理。这种话，在陆、王的学说中，固然有显明的证据，将来在格物穷理一目里，当详细叙述，今略举程子的话，也可以见到。例如程子说：

> 物我一理，明此则彼尽。
> 观物理，于察己之理明，则无往而不识矣。以上均《二程粹言》卷二人物篇

至于观物理的方法，最要紧的是无我，所谓无我，就是不以己待物，而以物待物，这是什么意思呢？这因为万物的理，虽备于我，但仍是物的理，不能和我混乱的。如果随便插入我们主观的意见，去混乱物理，那个物理，就会有所覆蔽变了真相的。所以我们不能以己待物，而要以物待物，在研究物理的时候，看物理是怎样的，我们就怎样，绝对不拿我们自己的意见参杂其间。程子说：

> 不以己待物，而以物待物，是谓无我。
> 尧夫云：能物物，则我为物之人也。不能物物，则我为物之物也。夫人自人，物自物，其理昭矣。以上均《二程粹言》卷二人物篇

张子说：

> 性性为能存神，物物为能过化……无我然后得正己之尽，存神然后妙应物之感。《张子全书》卷二正蒙天道篇

不过我们研究物理，固然应当物各付物；但对付物的时候，并不可受物的诱惑和驱使。如果受物的诱惑和驱使，那就是玩物丧志。这派人物是不主张的。所以张子说：

> 徇物丧心，人化物而灭天地者乎？存神过化，忌物累而顺性命者乎？同上

程子说：

> 君子循理故常泰；小人役于物，故多忧戚。
> 有志之士，不以天下万物挠己，己立矣，则运天下济万物必有余裕。
> 君子役物，小人役于物。今人见可喜可怒之事，必容心其间，若不萦在己者，亦劳矣。以上均《二程粹言》卷二人物篇

第二纲 论为学

第一目 总 论

这纲所叙述的,就是理学中间的教育哲学。所包涵的节目有教育的目的、意义、力量、研究的对象和方法等论,认识论等。但为得保存理学的本来面目起见,各节目还是沿用理学的旧名词。至于这种教育思想的本身,拿现代新名词来说,就是人格教育,是实现人生伟大而完全的人格的,不是学习一种技巧或工具,去追求人生的物质享乐的。现在分叙于后:

第二目 为学大要

甲、学以至圣人:这里所说的圣人,就是完全人格的代表者。所谓学以至圣人,就是学的目的,是要把我们自己造成一个圣人——人格完全的人。现在先证明"圣人"是一种完全人格的人。程子说:

圣人而有过，则不足以为圣人矣。《二程粹言》卷二圣贤篇

周子说：

诚精故明，神应故妙，幾微故幽。诚、神、幾曰圣人。《周子通书》圣第四

邵子说：

是知人也者，物之至者也。圣人者，人之至者也。《皇极经世》观物内篇

上面的话，就可以证明圣人就是人格完全的人。

圣人是人格完全的人既证明了，再来证明理学家主张学以至圣人的话。周子说：

圣希天，贤希圣，士希贤，伊尹、颜渊大贤也。伊尹耻其君不为尧、舜，一夫不得其所，若挞于市。颜渊不迁怒，不贰过，三月不违仁。志伊尹之所志，学颜子之所学，过则圣，及则贤，不及则亦不失于令名。《周子通书》志学第十

程子说：

人皆可以为圣人，而君子之学，必至圣人而后已。不至圣人而自已者，皆自弃也。孝者所当孝，弟者所当弟，自是而推之，是亦圣人而已矣。《二程粹言》卷二论学篇

象山说：

　　人生天地间，为人自当尽人道，学者所以为学，学为人而已，非有为也。……孔门弟子如子夏、子游、宰我、子贡，虽不遇圣人，亦足号名学者，为万世师。然卒得圣人之传者，柴之愚，参之鲁。《象山全集》卷三十五语录詹阜民录

张子说：

　　然为圣为贤，乃吾性分当勉耳。《张子全书》卷十三语录抄学者当须立人之性，仁者人也。当辨其人之所谓人，学者学所以为人。同上

朱子说：

　　故今增修讲问之法，诸君子其专心致思，务有以渐摩之，无牵于章句，无滞于旧问，要使之知所以正心诚意于饮食起居之间，而由之以入于圣贤之域。《朱子文集大全类编》第七册杂著卷十同安县论学者二论诸职事

阳明说：

　　近闻尔曹学业有进，有司考校，获居前列，吾闻之喜而不寐。此是家门好消息，继吾书香者，在尔辈矣，勉之！勉之！吾非徒望尔辈但取青紫，荣身肥家，如世俗所尚，以夸市井小儿，尔辈须以仁礼存心，以孝弟为本，以圣贤自期，务在光前裕后，斯可矣。《阳明全书》卷廿六赣州书示四侄正思等

乙、学以变化气质：这里所说的学以变化气质，是说学的功效，可以变化人的气质。人的气质为什么要变化呢？这是因为气质能把天地之性弄恶了，好像泥土把清水弄浊一样。所以要把那气质加以变化，恢复那本善的天地之性。现在引证于下：

张子说：

> 为学大益，在自能变化气质。不尔卒无所发明，不得见圣人之奥。故学者先须变化气质。变化气质，与虚心相表里。《张子全书》卷六理窟义理

> 人之气质美恶，与贵贱夭寿之理，皆是所受定分。如气质恶者，学即能移，今人所以多为气所使，而不得为贤者，盖为不知学。同上卷五气质

程子说：

> 惟积学明理既久，而气质变焉。则暗者必明，弱者必立矣。《二程粹言》卷一论学篇

> 学至气质变，方是有功。《二程遗书》卷十八伊川先生语四

象山说：

> 学能变化气质。《象山全集》卷三十五语录

阳明说：

> "与恶人居，如衣朝衣朝冠坐于涂炭者"伯夷之清也。"虽

袒裼裸裎于我侧，尔焉能浼我哉?"柳下惠之和也。君子以变化气质为学，则惠之和似亦执事之所宜从者。《阳明全书》卷四与书一胡伯忠癸酉

夫君子之学，求以变化其气质焉尔。同上卷七从吾道人记乙酉

朱子说：

人之为学，却是要变化气禀。……须知气禀之害，要力去用功克治，裁其胜，而归于中乃可。《朱子语类》卷四性理一人物之性气质之性

丙、为学之意：所谓为学之意，就是为学的意义。这学的意义，和学的目的，是大略相同的。不过学的目的，是说明做怎样的一种人。学的意义，是说明为什么需要学。这层意思，可分为两点叙述：
一、是讲明义理，以修其身。
二、是造就人材，促进国家文化，和保持社会安宁。
现在分条引证于后：
朱子说：

熹窃观古昔圣贤，所以教人为学之意，莫非使之讲明义理，以修其身，然后推以及人；非徒欲其务记览，为词章，以钓声名，取利禄而已也。《朱子文集大全类编》第七册杂著卷十白鹿洞书院揭示

邵子说：

君子之学，以润身为本，其治人应物，皆余事也。《皇极经

世》观物外篇下心学第十二

张子说：

既学而先有以功业为意者，于学便相害。《张子全书》卷六理窟学大原上

周子说：

不知务道德，而第以文辞为能，艺焉而已。《周子全书》卷二通书文辞第二十八

程子说：

古之君子修德而已，德成而言，则不期于文而自文矣。《二程粹言》卷一论学篇

象山说：

凡欲为学者，当先识义利之辨，今所学果如何？人生天地间，为人自当尽人道。学者所以为学，学为人而已，非有为也。《象山全集》卷三十五语录

以上所引的话，可以证明学是讲明义理，以修其身的。所以他们一面极力主张修德辨义利等，一面反对徒然学文。

周子说：

故圣人立教，俾人自易其恶，自至其中而止矣。故先觉后觉，暗者求于明，而师道立矣。师道立，则善人多，善人多，则朝廷正而天下治矣。《周子全书》卷二通书师篇第七

程子说：

或问道不明于后世，其所学者为何？子曰：教之者能知之。学者之众，不患其不明也。鲁国一时贤者之众，非特天授，由学致也。圣人既殁，旷千有余岁，求一人如颜、闵不可得。故教不立，学不传，人材不期坏而自坏。《二程粹言》卷二论学篇

朱子说：

盖闻君子之学，以诚其身，非直为，观听之美而已。古之君子，以是行之其身，而推之以教其子弟，莫不由此。此其风俗之所以淳厚，而德业所以崇高也。《朱子文集大全类编》第七册杂著卷十同安县谕学者第三补试榜谕

象山说：

是故先王之时，风教之流行，典刑之昭著，无非所以宠绥四方，左右斯民，使之若有常性，克安其道者也。是故乡举里选，月书季考，三年而大比，以兴贤能，盖所以陶成髦俊，将与共斯政，同斯事也。学校庠序之间，所谓切磋讲明者，何以舍是而他求哉？《象山全集》卷十九武陵县学记

以上所引的话，可以证明学是造就人材，促进国家文化，保持社会

安宁的。他们所说"善人多","风俗淳厚","天下治"就是这个意思。

第三目　格物穷理

这目所讨论的,是格物穷理的意义和方法等。格物穷理,就是学的对象,换句话:就是研究的内容。理学家认为学的对象,并不是研究宇宙间一部分的现象的,而是研究整个宇宙的物理的。这种研究,叫做格物或穷理。格物是《大学》上的术语,穷理是《易经》里的名词。二者名虽不同,意思实在是一样的。现在先引证理学家主张穷理的话。张子说:

> 尝谓文字若史书,历过见得无可取,则可放下。如此则一日之力,可以了六七卷书。又学史不外为人对人,耻有所不知,意只在相胜。医书虽圣人存此,亦不须大段学,不会亦不甚害事,会得亦不过惠及骨肉间,延得顷刻之生,决无长生之理。若穷理尽性,则自会得。《张子全书》卷六理窟义理
>
> 自明诚者,须是要穷理,穷理即是学也。同上卷十二语录抄

程子说:

> 读书将以穷理。……今或滞心于章句之末,则无所用也,此学者之大患。《二程粹言》卷一论学篇
>
> 学也者使人求于内也,不求于内而求于外,非圣人之学也。何谓求于外?以文为主者是也。学也者,使人求于本也,不求于本而求于末,非圣人之学也。何谓求其末,考详细,采同异,是二者无益于德,君子弗之学也。同上

阳明说：

学校之中，惟以成德为事；而才能之异，或有长于礼乐，长于政教，长于水土播植者，则就其成德，而因使益精其能于学校之中。《阳明全书》卷二传习录中答顾东桥书

学是学去人欲，存天理。从事于去人欲，存天理，则自正。《阳明全书》卷一传习录上答子仁间

朱子说：

人能即事即物，穷究其理，至于一日会贯通彻，而无所遗焉，则有以全其本心廓然之体。《朱子文集大全类编》第七册杂著卷三尽心说

邵子说：

天下言读书者不少，能读书者少，若得天理真乐，何书不可读，何坚不可破，何理不可精？《皇极经世》观物内篇

理穷而后知性，性尽而后知命，知命而后知至。同上

象山说：

所谓读书，须当明物理，揣事情，论事势。且如读史，须看他所以成，所以败，所以是，所以非处。优游涵泳，久自得力，若如此读得三五卷，胜看三万卷。《象山全集》卷三十五语录

介甫慕尧、舜三代之名，不曾踏得实处。故所成就者，王不成，霸不就，本原皆因不能格物，模索形似，便以为尧舜三

代,如此而已,所以学者先要穷理。同上

从上面所引的话去分析,我们可以知道理学家认为学的目的,是穷理,就是研究整个宇宙的理。所以他们反对词章训诂之学,而主张穷理或成德。所谓成德,也就是研究物理,以复天性的意。

理学家既以理为研究的对象;但理是有几方面的。一方面是充塞在宇宙的理,一方面是具备在人心的理。所以陆子说:

> 此理充塞宇宙。

程子说:

> 一身之上,百理具备。以上均见前

那么要穷理到底是穷那方面的理呢?关于这个问题,也分两方面:程朱一派,是偏重穷那充塞宇宙的万事万物的理。陆、王一派,是偏重穷那万物皆备于我的理。现在分述于后:

一即物穷理:这是程、朱一派的主张。所谓即物穷理,就是就宇宙间各种事物,仔细分析,研究他的理,到底是怎样的。程子说:

> 随事观理,而天下之理得矣。天下之理得,然后可以至于圣人。《二程遗书》卷二十五伊川先生语十一

朱子说:

> 所谓致知在格物者,言欲致吾之知,在即物而穷其理也。……是以《大学》始教,必使学者,即凡天下之物,莫不因其已知之理,而益穷之,以求至乎其极。《大学章句》序第五章

但是天下事物，多至不可胜数，尽我们毕生的力量，能够件件都穷得吗？这是万不能的。于是他们主张不必件件穷尽，只尽量去穷，到了积累很多的时候，就对于其余未穷的理，可以互相贯通的。这理由是从已知的经验，可以推知未做的事。所以程子说：

所务于穷理者，非道须尽穷了天下万物之理，又不道是穷得一理便到，只是要积累多后，自然见去。《二程遗书》卷二上二先生语二上

二求理于心：这是陆、王一派的主张，所谓求理于心，是只就此心的去人欲存天理上用功夫，便能够求得理。换句话：就是不必从事事物物上求理，只从心上去求就得了。《阳明全书》卷一传习录上载：

爱问："至善只求诸心，恐于天下事理，有不能尽。"先生曰："心即理也，天下又有心外之事，心外之理乎？"爱曰："如事父之孝，事君之忠，交友之信，治民之仁，其间有许多理在，恐亦不可不察。"先生叹曰："此说之蔽久矣，岂一语所能悟？今姑就所问者言之：且如事父不成去父上求个孝的理，事君不成去君上求个忠的理，交友治民，不成去友上民上求个信与仁的理，都只在此心，心即理也。此心无私欲之蔽，即是天理，不须外面添一分。以此纯乎天理之心，发之事父便是孝，发之事君便是忠，发之交友治民便是信与仁，只在此心去人欲存天理上用功便是。"

区区论致知格物，正所以穷理，未尝戒人穷理，使之深居端坐而一无所事也；若谓即物穷理，如前所云务外而遗内者，则有所不可耳。同上答顾东桥书

象山说：

> 万物皆备于我，只要明理。《象山全集》卷三十五语录

穷理与格物：前面已经把穷理的话叙述过了，现在要叙述格物的话。格物的意思，和穷理是一样的，不过因为前面所叙述的穷理，有两方面的进展，格物也就有两种解释。现在分述于后：

一、程、朱所说的格物：程、朱所说的格物，就是穷事事物物的理。所以程子先说：

> 格犹穷也，物犹理也。犹曰：穷其理而已也。《二程遗书》卷二十五伊川先生语十一

后来又说：

> 致知在格物，格至也。穷理而至于物，则物理尽。《二程遗书》卷二上二先生语二上

朱子说：

> 所谓致知在格物者，言欲致吾之知，在即物而穷其理也。《大学章句序》第五章
>
> 格、至也。物、犹事也。穷至事物之理，欲其极处，无不知也。《大学注经》一章

二、陆王所说的格物：陆王所说的格物，是格去心的不端正的意念，

使那心理原来所包含万事万物的理，不受什么蒙蔽，自然而然的流露出来。所以他们训格为去，训物为非。阳明说：

> 格物如《孟子》"大人格君心"之"格"，是去其心之不正，以全其本体之正。《阳明全书》卷一传习录上答徐爱问

象山说：

> 格物者格此者也。伏羲仰象俯法，亦先于此尽力焉耳，不然所谓格物，末而已矣。《象山全集》卷三十五语录

穷理和格物的意义既说过了，再来叙述穷理格物的功用。

穷理和格物的功用是致知，所谓致知，就是增进人的智识或扩展人的智慧。程子说：

> 穷理者，然后足以致知，不穷则不能致也。
> 故学莫先乎致知穷理，格物则知无不尽。以上《二程粹言》卷一论学篇

阳明说：

> 若鄙人所谓致知格物者致吾心之良知于事事物物也。《阳明全书》卷一传习录中答顾东桥书

两派穷理格物的主张，既然不同，于是致知所得的结果，也分为两种：

程、朱所得的知，是一种事物的经验的知识。所以程子说：

> 识必见于行，如行道涂，涉暗阻，非日月之光，炬火之照，则不可进矣。故君子贵有识，力学穷理，则识益明，照知不惑，乃益敏矣。《二程粹言》卷论学篇

陆、王所致的知，是心内的良知。阳明说：

> 所以须用致知格物之功，胜私复理，即心之良知，更无障碍，得以充塞流行，便是致其知。《阳明全书》卷一传习录上答徐爱问

穷理格物的功用，既叙述过了，还有穷理格物的目的和着手处，应分别叙述：

穷理的目的，就是尽性，由尽性而复性或反性。程子说：

> 其实只能穷理，便尽性至命也。《二程遗书》卷二十二上伊川先生语八

张子说：

> 养其气，反其本而不偏，则尽性而天矣。《张子全书》卷二正蒙诚明篇第六

阳明说：

> 穷理便是尽性的工夫。《阳明全书》卷二传习录中

至于复性或反性的话，当在《修养》一纲里讨论。

穷理的着手处：前面已说过穷理是分两方面的：一方面是求心外的宇宙的理，叫它和心里所具备的理，融会贯通。一方面发扬心里所具备的理到事事物物上去，叫心没有私欲的遮蔽。但是宇宙间的事物很多，我们到底从那方面着手呢？这是一个很重要的问题，在这里应当说明。理学家认为我们穷理的着手处，不是在很高深的方面，而在很平凡普遍的方面。所以程子说：

后人便将性命别作一般事说了。性命孝弟，只是一统底事。就孝弟中，便可尽性至命。至如洒扫应对，与尽性至命，亦是一统底事，无有本末，无有精粗，却被后来人言性命者，别作一般高远说。《二程遗书》十八卷伊川先生语四

视听思虑动作，皆天也。人但于其中要识得真与妄尔。《二程遗书》卷十一

圣人之道，更无精粗，从洒扫应对，至精义入神，通贯只一理。虽洒扫应对，只看所以然者如何？同上卷十五伊川先生语一

张子说：

洒扫应对，是诚心所为，亦是义理所当为也。《张子全书》卷之七理窟学大原下

象山说：

圣人教人，只是就人日用处开端。如孟子言徐后长，可为尧、舜，不成在长者后行，便是尧、舜，怎生做得尧、舜样事，须是就上面着工夫。圣人所谓吾无隐乎尔，谁能出不由户，直截是如此。《象山全集》卷三十五语录

阳明说：

> 洒扫应对，就是一件事。童子良知只到此，便教去洒扫应对，就是致他这一点良知了。《阳明全书》卷三传习录下黄以方录
>
> 盖日用之间，见闻酬酢，虽千头万绪，莫非良知之发用流行，除却见闻酬酢，亦无良知可致矣。同上卷二传习录中答欧阳崇一书
>
> 区区格致诚正之说，是就学者本心日用事，为间体究，践履实地用功，是多少次第，多少积累在，正与空虚顿悟之说相反。同上答顾东桥书

朱子说：

> 古人只从幼子常视无诳以上，洒扫应对进退之间，便是做涵养底工夫了，此岂待先识端倪而后加涵养哉？但从此涵养中，渐渐体出这个端倪来，则一一便为己物，又只如平常地涵养将去，自然纯熟。《朱子文集大全类编》第六册问答卷十四答林择之第二十书
>
> ……若认得熟，看得透，则玲珑穿穴，纵横颠倒，无处不通；而日用之间，行著习察，无不是著功夫处矣。
>
> ……诸君更宜熟读深思，反复玩味，就日用便著实下功夫，始得。以上均《朱子文集大全类编》第七册杂著第十册玉山讲义

上面所引证的话，可以证明穷理是从平凡普遍方面着手的。有了这个证明，那么人家批评理学家好高骛远、空虚不实的话，也可以不攻自破了。

第四目 教学之方

这一目所叙述的是教学之方,包涵有四点:一、教的方法,二、学的方法,三、方法论,四、认识论。现在先叙述教的方法:理学家对于教的方法,是没有多大讨论的。因为他们注重的是学,不是教。所以朱子编订《近思录》,关于教学的方法一卷,所引证的话很少,尤少见的是怎样教人的话,其中大部分还是关于学的,就是教人怎样去学的。但在朱子所引证的话说中间,也可以找出几个关于教的基本要点:

甲、是及早替儿童布置一个良善的环境,借环境感化的力量去教育他。

古人生子,能言能食而教之。大学之法,以豫为先。人之幼也,知思未有所主,便当以格言至论,日陈于前,虽未有知,且当熏聒,使盈耳充腹,久自安习,若固有之,虽以他说惑之,不能入也。若为之不豫,及乎稍长,私意偏好生于内,众口辩言铄于外,欲其纯完,不可得也。程子语

乙、是教者自己应当自勉,就是先正其身的意思。

恭敬撙节,退让以明礼,仁之至也,爱道之极也。己不勉明,则人无从倡,道无从宏,教无从成矣。张子语

观之上九曰:观其生,君子无咎。象曰:观其生,志未平也。传曰:君子虽不在位,然以人观其德,用为仪法,故当自慎省,观其所生,常不失于君子,则人不失所望而化之矣。不可以不在于位故,安然放意无所事也。程子语

丙、教不可躐等。所谓教不可躐等，就是教人应按学生程度，从初步工夫做起，不过高而躐等教授。

圣人之道如天然，与众人之识，甚殊邈也。门人弟子既亲炙，而后益知其高远。既若不可以及，则趋望之心怠矣。故圣人之教，常俯而就之，事上临丧，不敢不勉，君子之常行。不困于酒，尤其近也。而以己处之者，不独使夫资之下者，勉思企及，而才之高者，亦不敢易乎近矣。程子语

先传后倦，君子教人有序。先传以小者近者，而后教以大者远者。非是先传以近小，而后不教以远大也。程子语

洒扫应对，精义入神。事有大小，理无大小，事有大小，故教人有序而不可躐。理无大小，故随其所处，而皆不可不尽。朱子语江永引此以释上条程子之言

古之教人，莫非使之成己，自洒扫应对上，便可到圣人事。程子语

《学记》曰：进而不顾其安，使人不由其诚，教人不尽其才。人未安之，又进之，未喻之，又告之，徒使人生此节目。不尽材，不顾安，不由诚，皆是施之妄也。教人至难，必尽人之材，乃不误人。观可及处，然后告之。圣人之明，直若庖丁之解牛，皆知其□。刃投余地，无全牛矣。人之才足以有为，但以其不由于诚，则不尽其材，若曰：勉率而为之，则岂有由诚哉？张子语

永按：不顾学者之能受，而强进之，人虽勉强为之，而无诚意。既无诚意，则亦不能尽其才质，三者相因，皆躐等陵节之弊也。江永解释上条张子语以上所引各文均见《近思录集注》卷十一

除了在《近思录》卷十一中间，可以证明上面所述的几个基本要点

外，在象山和阳明的集子里，也可以找到这类的话。例如象山说：

> 学有本末。颜子问夫子三转语，其纲既明，然后请问其目。夫子答以非礼勿视，勿听，勿言，勿动。颜渊于此，洞然无疑。故曰：回虽不敏，请事斯语矣。本末之序盖如此。今世论学者，本末先后，一时颠倒错乱，曾不知详细处，未可遽责于人，如非礼勿视、听、言、动，颜子已知道，夫子乃语之以此。今先以此责人，正是躐等。《象山全集》卷三十四语录

这是象山主张因材施教不能躐等的话。阳明说：

> 看得教民成俗，莫先于学；然须诚爱恻怛，实有视民如子之心，乃能涵育熏陶，委曲开导，使之感发兴起，不然则是未信而劳其民，反以为厉己矣。《阳明全书》卷十八文移批立社学师耆老名呈

这是阳明主张教者自勉的话。

> 古之教者，教以人伦……其栽培涵养之方：则宜诱之歌诗，以发其志意；导之习礼，以肃具威仪，讽之以读书，以开其知觉。《阳明全集》卷之二传习录中训蒙大意示教读刘伯颂等

这是阳明主张用一种优美的环境，感化儿童的话。

二、学的方法：这一条共分四点：甲、怎样去学，乙、求学的原则，丙、求学的态度，丁、礼乐的陶冶，分述于后：

甲、怎样去学：

（1）立志：所谓志是什么？是向学的目标。就是在学以前，预先立

定一个目标，然后向前进行，不达到那个目标不止。张子说：

> 凡学：官先事，士先志。谓有官者先教之事，未官者使正其志焉。志者，教之大伦而言也。《张子全书》卷二正蒙中正篇第八

程子说：

> 或问入道之功？子曰：立志。志立则有本，譬之艺木，由毫末拱把，至于合抱而干云者，有本故也。《二程粹言》卷一论学篇

象山说：

> 人惟患无志。有志无有不成者；然资禀厚者，必竟有志。《象山全集》卷三十五语录李伯敏录

> 人要有志。常人汩没于声色富贵间，良心善性，都蒙蔽了。同上包扬显录

> 学者须先立志！同上卷三十四语录傅子云编录

阳明说：

> 大抵吾人为学，紧要大头脑，只是立志。所谓困忘之病，亦只是志欠真切。《阳明全书》卷之二传习录中启问道通书

> 予弟守文来学，告之以立志。守文因请次第其语，使得时时观省，且请浅近其辞，则易于通晓也。因书以与之。夫学莫先于立志。志之不立，犹不种其根而徒事培壅灌溉，劳苦无成

矣。世之所以因循苟且，随俗习非，而卒归于污下者，凡以志之弗立也。故程子曰："有求为圣人之志，然后可与共学。"《阳明全书》卷之七文录四示弟立志说乙亥

志不立，天下无可成之事，虽百工技艺，未有不本于志者。今学者旷废隳惰，玩岁愒时，而百无所成，皆由于志之未立耳。故立志而圣则圣矣，立志而贤则贤矣。志不立，如无舵之舟，无衔之马，漂荡奔逸，终亦可所底乎？《阳明全书》卷二十六续编一教条示龙场诸生一立志

朱子说：

为学虽有阶渐，然合下立志，亦略见义理大概规模，于自己方寸间，若有个惕然愧惧，奋然勇决之志，然后可加之讨论玩索之功，存养省察之力，而期于有得。夫子所谓志学，所谓发愤，政为此也。《朱子文集大全类编》第六册问答卷二十六答陈超宗

书不记，熟读可记；义不精，细思可精；唯有不志不立，直是无著力处。只如而今贪利禄而不贪道义；要作贵人，而不作好人，皆是志不立之病；直须反复思量，究见病痛起处，勇猛奋跃，不复作此等人。一跃跃出，见得圣贤所说千言万语，都无一事不是实语，方始立得此志，就此积累工夫，迤逦向上去，大有事在。同上第七册杂著卷十沧洲精舍论学者第二又谕学者

(2) 专一：专一就是集中注意力向着一件事做去。周子说：

圣可学乎？曰：可。有要乎？曰：有。请问焉。曰：一为要。《周子全书》卷通书圣学篇第二

程子说：

　　博弈小技也，不专心致志，犹不可得。况学圣人之道，悠悠焉，何能自得也？

　　君子之学贵一。一则明，明则有功。以上《二程粹言》卷上论学篇

朱子说：

　　人做工夫，若不专一，东看西看，则此心先已散漫了，如何看得道理出？须是看《论语》，专只看《论语》；看《孟子》，专只看《孟子》。读这一章，更不看后章；读这一句，更不看后句；这一字未理会得，更不得看下字。如此则专一而功可成，若所看不一，泛滥无统，虽卒岁穷年，无有透澈之期。《朱子语类》卷十一学五读书法下

阳明说：

　　讽诵之际，务令专心一志，口诵心惟，字字句句，紬绎反覆，抑扬其音节，宽虚其心意，久则义礼浃洽，聪明日开矣。《阳明全书》卷二传习录中教约

象山说：

　　蒙再三渎，渎则不告，非发之人，不以告于蒙者也。为蒙者未能专意相向，乃至再三以相试探。《象山全集》卷三十五语录。

(3) 循序：循序，是学者读书应按步就班，经过一级再进一级，不可躐等。这层意思，是理学家所重视的，所以在教的方法里，已为一种基本要点。不过前面是说教者不应躐等教人，这里所说的，是学者不应躐等求学。朱子说：

至于读书，又必循序致一，积累渐进，而后可以有功也。
《朱子文集大全类编》第六册问答卷三十四答孙敬甫书第一

……其幸而或知理之在我，与夫学之不可以不讲者，则又不知循序致详，虚心一意，从容以会乎在我之本然，是以急遽浅迫，终已不能浃洽而贯通也。《朱子文集大全类编》第八册卷六记鄂州州学稽古阁记

阳明说：

为学须有本原，须从本原上用力，渐渐盈科而进……立志用功，如种树然：方其根芽，犹未有干；及其有干，尚未有枝；枝而后有叶；叶而后有花实。初种时，只管栽培灌溉，勿作枝想，勿作叶想，勿做花想，勿作实想，悬想何益？但不忘栽培之功，怕没有枝叶花实！《阳明全书》卷一传习录上

象山说：

读书之法，须是平平淡淡去看，子细玩味，不可草草，所谓优而柔之，厌而饫之，自然有涣然冰释，怡然理顺底道理。
《象山全集》卷三十五语录

程子说：

学者须敬守此心，不可急迫，当栽培深厚，涵泳于其间，然后可以自得，但急迫求之，只是私已，终不足以达通。《二程遗书》卷二上二先生语二上

张子说：

　　人欲得正己而物正，大抵道义虽不可缓，又不欲急迫。在人固须求之有渐，于己亦然。盖精思洁虑，以求大功，则其心隘，惟是得心洪放得如天地易简。易简然后能应物皆平正，博学于文者，只要得习坎心亨。《张子全书》卷七理窟学大原下

　　乙、求学的原则：所谓求学的原则，就是说学，应该依照那几点重要的意义去探求，方才有所成就。

　　(1) 务实：周子说：

　　实胜，善也；名胜，耻也。故君子进德修业，孳孳不息，务实胜也。《周子全书》卷二务实第十四

张子说：

　　人生固有天道人事，当行不行则无诚。不诚则无物，故须行实事；惟圣人践形为实之经，得人之形，可离非道也。《张子全书》卷十二语录抄

程子说：

　　学者当务实，一有近名之心，则大本已失，尚何所学哉？

《二程粹言》卷一论学篇

象山说：

  千虚不博一实，吾生平学问无他，只是一实。《象山全集》卷三十四语录

  一实了，万虚皆碎。同上卷三十五

朱子说：

  为学须是切实为己，则安静笃实，承载得许多道理；若轻扬浅露，如何探讨得道理？纵使探讨得，说得去，也承载不住。《朱子语类》卷八学二总论为学之方

阳明说：

  为学大病在好名。……最是名与实对，务实之心重一分，则务名之心轻一分；全是务实之心，即全无务名之心；若务实之心如饥之求食，渴之求饮，安得更有工夫好名。"疾世而名不称。"称字去声读，亦"声闻过情，君子耻之"之意，实不称名，生犹可补，没则无及矣。四十五十而无闻，是不闻道，非无声闻也，孔子云："是闻也，非达也。"安肯以此望人？《阳明全书》卷一传习录上答薛侃问

（2）致用：程子说：

  百工治器，必贵于用，器而不可用，工不为也。学而无所

用，学将何为？《二程粹言》卷一论学篇

多闻识者，犹广储药物也。知所用为贵。同上

读书将以穷理，将以致用也。今或滞心于章句之末，则无所用也。此学者之大患也。同上

丙、求学的态度：

(1) 诚：程子说：

进学不诚则学杂。《二程粹言》卷一论学篇

阳明说：

仆近时与朋友论学，惟说"立诚"二字。杀人须就咽喉上著刀，吾人为学，当从心髓入微处用力，自然笃实光辉，虽私欲之萌，真是洪炉点雪，天下之大本立矣。《阳明全书》卷四文录一与黄宗贤书五

(2) 敬：程子说：

识道以智为先，入道以敬为本，夫人测其心者，茫茫然也。将治心而不知其方者，寇贼然也。天下无一物非吾度内者，故敬为学之大要。《二程粹言》卷一论学篇

张子说：

君子庄敬日强，始则须拳拳服膺，出于牵勉，至于中礼却从容。如此方是为己之学。《乡党》说孔子形色之谨，亦是敬。

此皆变化气质之道也。《张子全书》卷五理窟气质

朱子说：

若论为学，则自有个大要；所以程子推出一个敬字，与学者说，要且将个敬字，收敛身心，放在匣子里面，不去作了，然后逐事逐物，看道理。《朱子语类》卷十二学六持守

诚和敬两点，因为将来在《存养》一纲里要详细讨论的，所以这里只约略引述一二个人的话，指明一下，并不多说。

(3) 怀疑：

义理有疑，则濯去旧见，以求新意。《张子全书》卷七理窟学大原下

在可疑而不疑者，不曾学；学则须疑。譬之行道，将之南山，须问道路之出，若自安坐，则何尝疑？同上

不知疑者，只是不便实作，既实作，则须有疑，必有不行处，是疑也。譬之通身会得一边，或理会一节未全，则须有疑，是问是学处也。无则只是未尝思虑来也。《朱子语类》卷五气质

朱子说：

读书无疑者，须教有疑；有疑者却要无疑，到这里方是长进。同上卷十一学五读书法下

若用工粗卤，不务精思，只道无可疑处，非无可疑，理会未至，不知有疑尔。同上卷十学四读书法上

象山说：

为学患无疑，疑则有进。孔门如子贡，即无所疑，所以不至于道。孔子曰：女以予为多学而识之者欤？子贡曰：然。往往孔子未然之。孔子复有非与。颜子仰之弥高，末由也已，其疑非细，甚不自安，所以其殆庶几乎！《象山全集》卷三十五语录

阳明说：

盖学之不能以无疑，则有问，问即学也，即行也；又不能无疑，则有思，思即学也，即行也；又不能无疑，则有辨，辨即学也，即行也。《阳明全书》卷二传习录中答顾东桥书

丁、礼乐的陶冶：前面已经说过这派的教育思想是一种人格教育。人格教育是注重陶冶性情的。陶冶性情的工具是礼乐，所以理学家教人特别注重礼乐的陶冶。周子说：

古者圣王制礼法，修教化，三纲正，九畴叙，百姓大和，万物咸若，乃作乐以宣八风之气，以平天下之情。《周子全书》卷二通书乐中第十八

程子说：

修其孝悌忠信，周旋礼乐，其所以诱掖激励，渐摩成就之道，皆有节序。《明道文集》卷一请修学校尊师儒取士札子

张子说：

知及之而不以礼，性之非己有也。故知礼成性而道义出，

如天地位而易行。《张子全书》卷三正蒙至当篇第九

古乐所以养人德性中和之气。同上卷五理窟礼乐

阳明说：

今人往往以歌诗习礼，为不切时务，此皆末俗庸鄙之见，乌足以知古人立教之意哉？大抵童子之情，乐嬉游而惮拘检，如草木之始萌芽，舒畅之则条达，摧挠之则衰痿。今教童子，必使其趋向鼓舞，中心喜悦，则其进自不能已。譬之时雨春风，沾被卉木，莫不萌动发越，自然日长月化。若冰霜剥落，则生意萧索，日就枯槁矣。故凡诱之歌诗者，非但发其志意而已，亦所以泄其跳号呼啸于咏歌，宣其幽抑结滞于音节也。导之习礼者，非但肃其威仪而已，亦所以周旋揖让而动荡其血脉，拜起屈伸而固束其筋骸也。讽之读书者，非但开其知觉而已，亦所以沉潜反复而存其心，抑扬讽诵以宣其志也。凡此皆所以顺导其志意，调理其性情，潜消其鄙吝，默化其粗顽，日使之渐于礼义而不苦其难，入于中和而不知其故。是盖先王立教之微意也。若近世之训蒙稚者，日惟督以句读课仿，责其检束，而不知导之以礼，求其聪明，而不知养之以善；鞭挞绳缚，若待拘囚，彼视学舍如囹圄而不肯入，视师长如寇仇而不欲见，窥避掩覆以遂其嬉游，设诈饰诡以肆其顽鄙，偷薄庸劣，日趋下流，是盖驱之于恶而求其为善也，何可得乎！凡吾所以教，其意实在于此。……尔诸教读，其务体吾意，永以为训！《阳明全书》卷之二传习录中训蒙大意示教读刘伯颂等

凡习礼歌诗之数，皆所以常存童子之心，使其乐习不倦，而无暇及于邪僻。教者知此，则知所施矣。同上教约

三、方法论：怎样叫做方法论呢？就是说研究学问，应该用什么方法。

这派的方法论，有两派的主张：一是程、朱派，一是陆、王派。程、朱是主张经验的推理。所谓经验的推理，就是向外界事事物物中间先求得一贯条理，然后再用那一贯条理去推论其他未知的事物，并贯通吾心身所具备的万理。陆、王是演绎的推理的，所谓演绎的推理，就是先发明内心所具备的万理，然后去应付一切未知的事物。前者的方法是向外的，繁难。后者的方法是向内的，简易的。现在分述于后：

甲、程、朱的方法论：程子说：

> 格犹穷也。物犹理也。若曰：穷其理云尔。《二程粹言》卷一论学篇

> 若只格一物便通众理，虽颜子亦不敢如此道。须是今日格一件，明日又格一件，积习既多，然后脱然自有贯通处。《二程遗书》卷十八伊川先生语四

> 所谓务于穷理者，非道须尽了天下万物之理。又不道是穷得一理便到，只要积习多后，自然见去。同上卷二上二先生语上

所谓"今日格一件，明日格一件"，就是搜罗事实，等于现在科学上的各项实验。所谓"积习既多，然后脱然自有贯通处"，就是有了各种实验所得的事实，于是得出一种精确的理论，拿这种理论去应付事物，自然可以贯通；在这个时候，我们的智识是很光明远大的。对于一切事情，都可以解决，这就是阐明经验推理的话。所以程子又说：

> 格物穷理，非是要穷尽天下之物；但于一事上穷尽，其他可以类推。同上卷十五伊川先生语一

后来朱子又把程子的意思引申的说：

> 间尝窃取程子之意以补之曰：所谓致知在格物者，言欲致吾之知，在即物而穷其理也。盖人心之灵，莫不有知，而天下之物，莫不有理，惟于理有未穷，故其知有不尽也。是以大学始教，必使学者，即凡天下之物，莫不因其已知之理而益穷之，以求至乎其极。至于用力之久，而一旦豁然贯通焉，则众物之表里精粗无不到，而吾心之全体大用无不明矣。此谓格物，此谓知之至也。《大学章句》序第五章

他们既倡经验推理法，自然要主张用精密繁细的工夫，按部就班去研究天下的物理。所以朱子说：

> ……惟日用之间，所以用力，循循有序，不凌不躐，则至于日至之时，廓然贯通，天人之际，不待认而合矣。今于古人所以下学之序，则以为近于俗儒而鄙厌之，遂欲由径而捷出，以为简易，反谓孔、孟未尝有分明指决，殊不知认而后合，揠苗助长，其不简易而为俗儒，亦已大矣。《朱子文集大全类编》第六册问答卷九答江元適书第三

他们既主张用精密繁细的工夫，同时又以经验为基础，那么这追求的对象，当然是外界事事物物的理。所以程子说：

> 人要明理，若止一物上明之，亦未济事；须是集众理，然后脱然自有悟处。《二程遗书》卷十六伊川先生语二
>
> 多识于鸟兽草木之名，所以明理也。同上卷二十五伊川先生语十一

乙、陆、王的方法论：象山说：

　　人惟不立乎其大者，故为小者所夺，以叛乎此理而与天地不相似。诚能立其大者，则区区时文之习，何足以汩没尊兄乎？
《象山全集》卷十一与朱济道书之一

所谓先立其大本，就是先明心见性，然后把心性本然的灵昭明觉去应付一切事物。至于立大本的方法，那就是格去心的非，所以他们训格为正，物为事。阳明说：

　　物者事也，凡意之所发，必有其事，意所在之事谓之物。格者，正也，正其不正以归于正之谓也。正其不正者，去恶之谓也。归于正者，为善之谓也。夫是之谓格。《书》言："格于上下"，"格于文祖"，"格其非心"，格物之格，实兼其义也。
《阳明全书》卷二十六大学问

至于格非的意义，那就是致良知，所以象山说：

　　孩提之童，无不知爱其亲，及其长也，无不知敬其兄。先王之时，庠序之教，抑申斯义，以致其知，使不失其本心而已。
《象山全集》卷十九贵溪重修县学记
　　彝伦在人，维天所命，良知之端，形于爱敬，扩而充之，圣哲之所以为圣哲也。同上武陵县学记

阳明说：

　　致者，至也，如云丧致乎哀之致。《易》言："知至至之。

知至者知也；至之者，致也。"致知云者，非若后儒所谓充广其知识之谓也。致吾心之良知焉耳。良知者，孟子所谓是非之心，人皆有之者也。是非之心，不待虑而知，不待学而能，是故谓之良知，是乃天命之性，吾心之本体，自然灵昭明觉者也。凡意念之发，吾心之良知无有不自知者；其善欤？惟吾心之良知自知之；其不善欤？亦惟吾心之良知自知之。是皆无所与于他人者也。……今欲别善恶以诚其意，惟在致其良知之所知焉尔。同上大学问

他们既主张向内致良知，为求知的标准，自然是要反对程、朱向外界事物中求真理的。所以阳明说：

后之人惟其不知至善之在吾心，而用其私智，以揣摸测度于其外，以为事事物物各有定理也，是以昧其是非之则，支离决裂，人欲肆而天理亡，明德亲民之学，遂大乱于天下。同上

天下事物，如名物度数，草木鸟兽之类，不胜其烦。圣人须是本体明了，亦何缘能尽知得？《阳明全书》卷三传习录下黄直录

他们既主张向内致良知而反对向外界事物中间求真理，自然要用简易切近工夫，而不赞成程、朱的归纳的精密繁细的工夫。所以象山说：

墟墓兴哀宗庙钦，斯人千古不磨心。涓流积至卷三十四语录作滴到沧溟水，拳石崇成泰华岑。简易工夫终久大，支离事业竟浮沉。欲知自下升高处，真伪先须辨只今。《象山全集》卷二十五鹅湖和教授□□

阳明说：

> 凡工夫只是要简易真切，愈真切愈简易，愈简易，愈真切。

《阳明全书》卷六寄安福诸同志

> 人惟不知至善之在吾心，而求之于其外，以为事事物物，皆有定理也，而求至善于事事物物之中，是以支离决裂，错杂纷纭，而莫知有一定之向。今焉既知至善之在吾心，而不假于外求，则志有定向，而无支离决裂，错杂纷纭之患矣。无支离决裂，错杂纷纭之患，则心不妄动而能静矣。《阳明全书》卷二十六大学问

以上已把两派的方法约略叙述过了。历来的学者所说的朱、陆分别，就在这一点，并不在他们的根本思想。有人说他们一个唯心，一个唯理，这都是错的。他们只有方法的不同，没有思想的不同。所以阳明说：

> 朋友观书，多有摘议晦庵者。先生曰："是有心求异即不是。"吾说与晦庵时有不同者，为入门下手处有毫厘千里之分，不得不辩；然吾之心，与晦庵之心，未尝异也。若其余文义解得明当处，如何动得一字？同上卷一传习录上

不单阳明的话可以证明，就是朱子和陆子在鹅湖争论的事实，也可以证明。《象山全集》卷三十四有一段记载鹅湖争论的史事，现在写在下面：

> 吕伯恭为鹅湖之集，先兄复斋谓某曰：伯恭约元晦（朱子）为此集，正为学术异同。某兄弟先自不同，何以望鹅湖之同？先兄遂与某议论致辩，又令某自说。至晚罢，先兄云：子静之说是。次早某请先兄说，先兄云：某无说。夜来思之，子静之说极是。方得一诗云："孩提知爱长知钦，古圣相传只此

心。大抵有基方筑室，未闻无址忽成岑。留情传注翻蓁塞，著意精微转陆沉，珍重友朋相切琢，须知至乐在于今。"某云：诗甚佳。但第二句微有未安。先兄云：说得恁地？又道未安。更要如何？某云：不妨一面起行，某沿途却相和此诗。及至鹅湖，伯恭首问先兄别后新功。先兄举诗才四句，元晦顾伯恭曰：子寿早已上子静船了也。举诗罢，遂致辩于先兄。某云途中某和得家兄此诗云："墟墓兴哀宗庙钦，斯人千古不磨心。涓流滴到沧海水，拳石崇成泰华岑。简易工夫终久大，支离事业竟浮沉。"举诗至此，元晦失色，至"欲知自下升高处，真伪先须辩只今"。元晦大不怿！于是各休息。翌日二公商量数十折议论来，莫不悉破其说。继日凡致辩，其说随屈。伯恭甚有虚心相听之意，竟为元晦所尼。

这会争论，陆子寿的诗，是说要先立乎大本的意思，象山的诗，是说要用简易工夫的意思。他们所发表的意见，完全是方法方面的话，并没有关乎根本思想的话。至于朱子所不满意的，也是对象山所说的"简易工夫终久大，支离事业竟浮沉"的话。所以可说他们的不同，只在方法论方面，根本思想，是没有什么不同的。

他们的方法论，虽然不同；但是彼此研究学问，也用了一种相同的方法，这方法，是在他们自己所创的方法以外的。是什么呢？就是佛家的分析法。佛家治学问，是应用一种精细分析法的。理学家也借用这法，来研究中国过去的学问。因为这个缘故，所以理学的外表，有些和佛学相似。一般人没有澈底研究，于是说理学就是佛学。其实彼此的根本思想，是不相同的。

四、认识论：认识论是研究知识问题的。理学的认识论并不完全，这是因为理学发展的历程：最初是宇宙论，次之是价值问题，末了才是认识论，所以周、邵、张诸人，讨论宇宙的问题特别用力。程、朱讨论价值问题，特别用力。到了象山，阳明，他们虽然没有抛弃价值问题，但已比较松缓。至于宇宙论大都没有谈到，所谈的完全是认识问题。尤其阳明对于认识问题，特别谈得多。但因篇幅关系，不能详细叙述，只有就他所说的话概括说一说。好在本丛书内的《中国哲学史纲要》第八章里已叙述过一些，可以参阅。

阳明对于认识论的第一点贡献，就是认识的程序和着心与物的关系，这点是很难了解而又容易误会的。阳明认为心是认识的主脑，如同君是百官的主脑一般。君统领百官，心统领五官。所以他说：

> 人君端拱清穆，六卿分职，天下乃治。心统五官，亦要如此。

心既是统领五官的，是认识的主宰，那它自然用不着直接去应付外界的刺激，只有冷静地让五官处理，待它们最后的报告而加以裁判而已。所以阳明又说：

> 今眼要视时，心便逐在色上；耳要听时，心便逐在声上。如人君要选官时，便自去坐在吏部；要调兵时，便自去坐在兵部：如此岂惟失却君体，六卿亦皆不得其职。同上

阳明这话的意思是什么呢？是说认识的程序，先须根尘相对，然后再由心加入辩证，这样才能把一件事或一样物认识清楚，否则是不能的。从这层意思，我们就可以明白阳明所说的认识的程序了。这种程序是和佛家所说的认识的程序相同的。程序虽相同，但彼此所说的心与物的关系程度，并不相同，佛家认为物是永远在心里的，所以外尘不是真有，是心的幻象。阳明却认为物是独立存在的，只有当认识的当儿，物受了心的支配，在心的作用之下，是在心的范围的。在下面一段话，可以看清楚。

> 先生游南镇,一友指岩中花树曰:天下无心外之物,如此花树在深山中自开自落,于我心亦何相关?先生曰:你未看此花时,此花与你心同归于寂,你来看此花时,则此花颜色一时明白起来,便知此花不在尔的心外。《阳明全书》卷三传习录下黄省曾录

这段话的意思,是说明花与心未发生关系以前,彼此是独立存在的,一到发生关系以后,花便在心里了,为什么会在心里呢?因为花被心认识了。

但是宇宙万物,永远是和心发生关系,既永远和心发生关系,宇宙万物自然是在心里的,那阳明的话又和佛家的话有什么分别呢?从事实上是没有什么分别,因为彼此都说花不在心外;但从原因说,彼此是有大分别的,因为佛家是从宇宙本质立场,说花在心;阳明是从认识的立场,说花在心,相异之处甚大。所以不能不郑重说明。

阳明对于认识论的第二点贡献,就是把"行"混合到知的范围来,认为行与知是一件事,行不过是知的一端。所以他主张知行合一。现在引他的话来作证:

> 某尝说:知是行的主意,行是知的工夫;知是行之始,行是知之成:若会得时,只说一个知,已自有行在,只说一个行,已自有知在。古人所以说一个知,又说一个行者,只为世间有一种人,懵懵懂懂的,任意去做,全不解思惟省察,也只是个冥行妄作,所以必说个知方才行得是;又有一种人,茫茫荡荡,空去思索,全不肯着实躬行,也只是个揣摸影响,所以必说一个行方才知得真。此是古人不得已补偏救弊的说话,若见得这个意时,即一言而足。今人却就将知行分作两件去做,以为必先知了,然后能行,我如今且去讲习讨论做知的工夫,待知得

真了方去做行的工夫，故遂终身不行，终身不知。此不是小病痛，其来已非一日矣，某今说个知行合一，正是对病的药。《阳明全书》卷一传习录上徐爱录

阳明既提倡知行合一，扩大知的范围，和加增知的重要，于是就把求学和修养工夫，统统放在致良知上面。造成一种知德并重或知识即道德的思想。

所谓良知：就是一种不须教自然能认识事物的东西，正如电灯不须燃烧就能照耀一般。所以良知是一种体不是一种用，留这良知能够知道一切，而无所不通，这"通"才是用。所以阳明说：

> 知是心之本体，心自然会知，见父自然知孝，见兄自然知弟，见孺子自然知恻隐，此便是良知，不假外求。若良知之发，更无私意障碍，即所谓"充其恻隐之心，而仁不可胜用也"。
> 《阳明全书》卷一传习录上

这是阳明说明良知是怎样一种东西及其功用的话。

> 良知良能，愚夫愚妇，与圣人同。但惟圣人能致其良知，而愚夫愚妇不能致，此圣愚之所由分也。节目时变，圣人夫岂不知，但不专以此为学；而其所谓学者，正惟致，其良知，以精察此心之天理，而与后世之学不同耳。吾子未暇良知之致，而汲汲焉顾是之忧，此正求其难于明白者以为学之弊也。同上卷二传习录中答顾东桥书

这是阳明主张致良知的话。

这知行合一与致良知，是阳明学说的中心，我们应该特别留意的！

第三纲　论存养

第一目　总　论

这纲所讨论的,是关于修养方面的问题,包括涵养改过迁善克己复礼,出处进退辞受之义,及人心疵病等节目。这纲的意义,拿现代的哲学名词去解释,可以说是理学的人生哲学。至于本节目内所采用的名词,仍依理学上的旧名。现在分目叙述于后:

第二目　涵　养

一、反性:所谓"反性",就是涵养的目的。涵养就是修养。我们为什么要涵养呢?就是想反性。反性是什么意义呢?是回复到天地之性。为什么要回复到天地之性呢?这因为人们有二重的性:一是天地之性,一是气质之性。天地之性是善的,气质之性是恶的。因为气质之性恶,可以戕害天地之性,所以人们要变化气质,回复到天地之性。变化气质的话,已在前纲说过,无容再说。现在引证理学家主张反性的话:周子说：

> 复焉执焉之谓贤。《周子全书》卷二通书诚几德第三

张子说：

> 性于人无不善，系其善反不善反而已。过天地之化，不善反者也。……善反之，则天地之性存焉。故气质之性，君子有弗性者焉。《张子全书》卷二诚明篇第六

程子说：

> 复者，阳反来复也。阳，君子之道。故复为反善之义。初刚阳来复处，卦之初复之最先者也，是不远而复之也。失而后有复，不失则何复之有？惟失之不远而复，则不至于悔，大善而吉也。《伊川易传》卷二上经下复卦初九传

> 汤、武反之身之者，学而复者也。《二程遗书》卷十一明道先生语

象山说：

> 复，德之本也。……复者阳复，为复善之义。人性本善，其不善者，迁于物也。知物之为，而能自反，则善者乃吾性之固有，循吾固有而进德，则沛然无他适矣。故曰：复德之本也。知复则内外合矣。《象山全集》卷三十四语录严松年录

朱子说：

> 此性本善，但感动之后，或失其正，则流于恶耳，此等处反之于身，便自见得，不必致疑。《朱子文集大全类编》卷第六问答卷二十一答汪清卿

阳明说：

> 一反常易动气责人。先生警之曰："学须反己。"《阳明全书》卷三传习录下黄修易录。

二、生：既把气质之性变化了，回复到天地之性，这人就和宇宙一般，与"天地合其德，日月合其明"了。人既是和宇宙一般，但理学家认为宇宙是以生为活动的意义的，所以他们又认为人也应以生为活动的意义，而主张唯生的人生观。程子说：

> 天地之大德曰生。天地絪缊，万物化醇，生之谓性。万物之生意最可观。此元者善之长也，斯所谓仁也。人与天地一物也，而人特自小之何耶？《二程遗书》卷十一明道先生语一

这是程子说宇宙以生为意义，人和宇宙一般，也应以生为意义；但一般人不知道这层道理，把自己看小了，所以不能扩充这生，以行仁道，去和天地合德。

《家语》载耘瓜事，虽不可信，却有义理。曾子耘瓜，误斩其根，曾皙建大杖以击其背，曾子仆地，不知人事，良久而苏，欣然起进，曰：大人用力教参，得无疾乎？乃退，援琴而歌，使知体康。孔子闻而怒。曾子至孝如此，亦有这失处。若

是舜，百事从父母，只杀他不得。同上卷二十三伊川先生语九

人莫重于生，至于舍得死，道须大段好如生也。同上

这是说对自己要生。邵子说：

夫变也者昊天生万物之谓也；权也者圣人生万民之谓也。《皇极经世》一观物内篇四

周子说：

故圣人在上，以仁育万物，以义正万民。天道行而万物顺，圣德修而万民化。《周子全书》卷二通书顺化第十一

程子说：

周茂叔窗前草不除去，问之，云："与自家意思一般。"《二程遗书》卷三二先生语三

以上的话是说对人民万物要生。

上面叙述的两点是存养的主脑。还有存养的工夫或方法，分条叙述于后：

理学存养的第一种方法，是存诚。

三、存诚：诚是什么？是一种实理，就是宇宙中间应有的理。存诚是要保持那实理，不要使它丧失，也不要违背它。换句话：就是我们无论做什么事，都应照着宇宙的实理去做。如果不依照实理去做，那就是伪。所以理学家特别主张存诚。这存诚是第一种修养法。现在先证明诚是实理的话。程子说：

第三纲 论存养

诚者实理也。专意何足以尽之?《二程粹言》卷一论道篇

朱子说:

诚只是实……诚只是理。《朱子语类》卷六理性情三仁义礼智等名义

阳明说:

诚是实理。《阳明全书》卷三传习录下黄省曾录

诚是实理既证明了,现在来引证他们主张存诚的话。
周子曰:

圣诚而已矣。诚,五常之本,百行之源也。静无而动有,至正而明达也。五常百行,非诚非也。邪暗塞也。故诚则无事矣,至易而行难。果而确,无难焉。《周子全书》卷二通书诚下二

这是什么意思?现在把朱子注释这节的话引在后面,看了就容易明白。

圣人之所以圣,不过全此实理而已。即所谓太极者也。五常:仁、义、礼、智、信,五行之性也。百行,孝悌忠信之属,万物之象也。实理全,则五常不亏,而百行修矣。方静而阴,诚固未尝无也,以其未形而谓之无耳。及动而阳,诚非至此而后有也,以其可见而谓之有耳。静无则至正而已。动有然后明与达者可见也。非诚则五常百行皆无其实,所谓不诚无物者也。

静而不正，故邪。动而不明不达，故暗且塞。诚则众理自然，无一不备，不待思勉，而从容中道矣。实理自然，故易。人伪夺之，故难。果者阳之决，确者阴之守。决之勇，守之固，则人伪不能夺之矣。《朱子通书》注

张子说：

性与天道合一，存乎诚。天所以长久不已之道，乃所谓诚。仁人孝子所以事天诚身，不过不已于仁孝而已。故君子诚之为贵。诚有是物，则有终有始。伪实不有，何终始之有？故曰："不诚无物。"《张子全书》卷二正蒙诚明第六篇

程子说：

苟非至诚，虽建功立业，亦出于事为浮气，其能久乎？《二程粹言》卷一论道篇

子谓学者曰：夫道恢然而广大，渊然而深奥，于何所用其力乎？惟立诚然后有可居之地。同上

诚者物之终始，不诚无物。这里缺了佗，则便这里没这物。《二程遗书》卷二上二先生语二上

不诚则有累，诚则无累。《二程粹言》卷一论学篇

象山说：

由乎己之诚存，而至于民之化德，则经纶天下之大经者，信乎其在于至诚。而知至诚者，信乎非聪明睿知达天德者有不能也。《象山全集》卷二十九程文第一篇

> 诚者自诚也，而道自道也。君子以自昭明德。人之有是四端，而自谓不能者，自贼者也。《象山全集》卷三十四语录严松年录

阳明说：

> 阳明子与之坐，盖默然良久，乃告之以立诚之说，竦然若仆而兴也。《阳明全书》卷七文录曰序赠周以善归省序乙亥

> 阳明子曰：立诚尽之矣。夫诚实理也，其在天地，则其丽焉者，则其明焉者，则其行焉者，则其引类而言之不可穷焉者，皆诚也；其在人物，则其蓄焉者，则其群焉者，则其分焉者，则其引类而言之不可尽焉者，皆诚也。是故殚智虑，弊精力，而莫究其绪也；靡昼夜，极年岁，而莫竟其说也；析蚕丝，擢牛尾，而莫既其奥也。夫诚一而已矣，故不可复有所益；益之是为二也，二则伪，故诚不可益。不可益，故至诚无息。同上赠林典卿归省序乙亥

理学家既主张保存实理，那么这实理是什么？是天理。因为这层关系，他们于是又主张去人欲存天理。为什么去人欲呢？因为人欲可以泯灭天理的。人欲是什么？就是违背实理的一种物欲。这去人欲存天理就是存诚唯一方法，现在引证理学家主张去人欲存天理的话。程子说：

> 人于天理昏者，是只为嗜欲乱著佗。庄子言其嗜欲深者其天机浅，此言却最是。《二程遗书》卷二上二先语二上

这是程子说人欲可以泯灭天理的话。

程子说：

天下之害皆以远本而末胜也。峻宇雕墙，本于宫室；酒池肉林，本于饮食；淫酷残忍，本于刑罚；穷兵黩武，本于征伐。先王制其本者天理也。后王流于末者人欲也。损人欲以复天理，圣人之教也。《二程粹言》卷一论道篇

张子说：

　　湛一气之本，攻取气之欲，口腹于饮食，鼻舌于臭味，皆攻取之性也，知德者属厌而已。不以嗜欲累其心，不以小害大，末丧本焉尔。《张子全书》卷二正蒙诚明第六

朱子说：

　　凡吾日用之间，所以去人欲复天理者，皆吾分内当然之事。其势至顺而难。《朱子文集大全类编》第七册问答卷十玉山讲义

　　故圣人只说克己复礼，教人实下工夫。去却人欲，便是天理。……若不能著实下工夫，去却人欲，则虽就此识得未尝离之天理，亦安所用乎？《朱子文集大全类编》第七册杂著卷九胡子知言疑义

阳明说：

　　如何不讲求？只是有个头脑，只是就此心去人欲存天理上讲求。《阳明全书》卷一传习录上答徐爱问

　　学是学去人欲存天理。从事于去人欲存天理，则自正。同上答子仁问

以上是程、朱、王诸人主张去人欲存天理的话。至于象山呢？他是不主张分什么人欲和天理的。所以他说：

> 天理人欲之言，亦自不是至论。若天是理，人是欲，则是天人不同矣。此其原：盖出于老氏。《乐记》曰："人生而静，天之性也，感于物而动，性之欲也。物至知之，而后好恶形焉。不能反躬，天理灭矣。"天理人欲之言，盖出于此。《乐记》之言，亦根于老氏，且如专言静是天性，则动独不是天性耶？《书》云："人心惟危，道心惟微。"解者多指人心为人欲，道心为天理。此说非是。心一也，人安有二心？自人而言，则曰惟危；自道而言，则曰惟微。罔念作狂，克念作圣非危乎？无声无臭，无形无体非微乎？《象山全集》卷三十四语录傅子云录

象山虽说分人欲与天理为二是不对的，这不过是名词上的争论。至于主张去欲存理却是和程、朱、王诸人一样的。所以他也说：

> 诚能深思是身，不可使之为小人之归。其于利欲之习，怛焉为之痛心疾首，专志乎义而日勉焉。博学审问谨思明辨而笃行之。由是而进于场屋，其文必皆道其平日之学，胸中之蕴，而不诡于圣人。由是而仕，必皆共其职，勤其事，心乎国，心乎民，而不为身计，其得不谓之君子乎？同上卷二十三讲义白鹿洞书院讲义

这是象山主张去欲的话。

> 若果有志，且须分别势利道义两途。某之所言，皆吾友所固有。且如圣贤垂教，亦是人固有，岂是外面把一件物事来赠

吾友？但能悉为发明天之所以予我者。如此其厚！如此其贵！不失其所以为人者耳。同上卷三十五语录李伯敏录

心之体甚大，若能尽我之心，便与天同，为学只是理会此。同上

这是象山主张存理的话。

理学家存养的第二种方法，是居敬。

四、居敬：敬是什么？是一种内在的状态（Insidestate）。这种状态的功用，就是能集中注意力，控制各种无关系的反动。所以理学家要主张居敬，唤起这种内在状态，趋向一种目标，而遏抑无关的反动，或澄清一切思虑。

张子说：

敬、斯有立，有立、斯有为。敬、礼之舆也。不敬则礼不行。《张子全书》卷三正蒙至当篇第九

程子说：

有诸中谓之敬。《二程遗书》卷六二先生语六

敬胜百邪。同上卷十一明道先生语一

一不敬则私欲万端生焉。害仁此为大。《二程粹言》卷一论道篇

这是程子说有了敬可以抑止与目标无关的一切反动。没有敬，那就不能了。

人心不能不交感万物，亦难为使之不思虑，若欲免此，唯

是心有主，如何为主？敬者已矣。……所谓敬者，主一之谓敬。所谓一者，无适之谓一。同上卷十五伊川先生语一

这是程子说要澄清一切思虑，只有居敬的话。

涵养须用敬。同上卷十八伊川先生语四

或问夫子之教，必使学者涵养而后有所得如何其涵养也，子曰：莫如敬。《二程粹言》卷一论学

朱子说：

敬字工夫，乃圣门第一义，彻头彻尾，不可顷刻间断。《朱子语类》卷十二学六持守

或曰：主一之谓敬。敬莫是主一？曰：主一又是敬字注解。要之：事无大小，常令自家精神思虑尽在此，遇事时如此，无事时如此。同上

以上是张、程、朱等主张居敬的话。

上文所述理学家诚敬的存养，中间还有一些分别。什么分别呢？就是程子和朱子是主张诚敬并用的。换句话：程、朱是一方面主张存诚的修养，一方面又主张持敬的修养。至于象山和阳明呢？他们只主张存诚，不主张持敬，并且反对持敬，认为持敬是枝节工夫。所以象山说：

且如存诚持敬二语自不同，岂可合说？存诚字，于古有考。持敬字，乃后来杜撰。《易》曰："闲邪存其诚。"《孟子》曰："存其心。"某旧亦尝以存名斋。《象山全集》卷一与邵叔谊书

阳明说：

> 《大学》工夫，即是明明德，明明德只是个诚意；诚意的工夫，只是格物致知。若以诚意为主，去用格物致知的工夫，即工夫始有下落，即为善去恶，无非是诚意的事。如《新本》先去穷格事物之理，即茫茫荡荡，都无着落处；须用添个敬字，方才牵扯得向身心上来，然终是没根源。若须用添个敬字，缘何孔门倒将一个最紧要的字落了，直待千余年后要人来补出？正谓以诚意为主，即不须添敬字，所以提出个诚意来说，正是学问的大头脑处。于此不察，真所谓毫厘之差，千里之缪。大抵《中庸》工夫只是诚身，诚身之极，便是至诚；《大学》工夫，只是诚意，诚意之极，便是至善：工夫总是一般。今说这里补个敬字，那里补个诚字，未免画蛇添足。《阳明全书》卷一传习录上答蔡希渊问

这是陆、王不主张持敬的话。

程子说：

> 诚然后能敬，未及诚时，却须敬而后能诚。《二程遗书》卷六二先生语六

这是程子主张诚敬并用的话。程子为什么主张诚敬并用呢？是因为诚的工夫，是与宇宙合一的工夫，就是天道，所以高远难行。敬是人们自己的工夫，就是人事的根本，所以切近易行。至于诚敬彼此的关系呢，敬是诚的一部分。所以能诚自然能敬，能敬亦未尝不可以诚。但诚难行，敬易为；故应持敬，从易而入难。所以程子又说：

诚者天之道，敬者人事之本。敬则诚。同上卷十一明道先生语一

况且程、朱本来是主张用繁密的方法的，那么添补一个敬的修养法，也无足怪。至于陆、王呢，因为他们是主张简易的方法，从大本着手，而不顾枝节，这也是有道理的。因为整个既做成功了，那有枝节还不能成的道理呢？所以他们只主张存诚不主张持敬。但他们虽不主张持敬，有时也教人唤起这种内在状态——或敬——去抵抗一切不相干的反应。所以象山说：

小心翼翼，昭事上帝，上帝临汝，无贰尔心。战战兢兢，那有闲管时候。《象山全集》卷三十五语录

惟精惟一，须要如此涵养。同上

无事时，不可忘小心翼翼，昭事上帝。同上

某闻诸父兄师友：道未有外乎其心者，自可欲之善，至于大而化之之圣，圣而不可知之神，皆吾心也。心之所为，犹之能生之物，得黄钟大吕之气，能养之至于必达，使瓦石有所不能压，重屋有所不能蔽，则自有诸己至于大而化之者，敬其本也。同上卷十九敬齐记

阳明说：

夫君子之所谓敬畏者，非有所恐惧忧患之谓也，乃戒慎不睹，恐惧不闻之谓耳。……夫心之本体即天理；天理之昭明灵觉，所谓良知也。君子之戒慎恐惧，惟恐其昭明灵觉者，或有所昏昧放逸，流于非僻邪妄，而失其本正耳。……尧、舜之兢兢业业，文王之小心翼翼，皆敬畏之谓也。《阳明全书》卷五文录

二书答舒国用

程、朱虽主张居敬；但又认为敬只含有情和意的成分，没有知的成分，所以敬只能遏抑无关的反动，而不能辨别外界刺激的是非。换句话：敬只能持已，而不一定能顺理。如果要顺理，就要集义。惟有义才能顺理而行。所谓"义以方外"，于是他们又主张集义以济敬。程子说：

> 故只是涵养一事，必有事焉，须当集义，只知用敬，不知集义，却是都无事也。……义在心内，苟不主义，浩然之气，从何而生？理只是发而见于外者。且如恭敬，币之未将者也。恭敬虽因币帛威仪而后发见于外，然须心有此恭敬，然后著见；若心无恭敬，何以能尔？……敬只是持已之道，义便知有是有非。顺理而行，是为义也。若只守一个敬，不知集义，却是都无事也。《二程遗书》卷十八伊川先生语四

朱子说：

> 敬有死敬，有活敬，若只守著主一之敬，遇事不济之以义，辨其是非，则不活。《朱子语类》卷十二学六持守

至于阳明呢？虽然也教人唤起这种内在状态，去抵抗一切无关的反动，说出"敬畏"二字，但他认为那内在状态——敬畏，是和义一般的。敬畏中间，也有知的成分，一方面能抑止无关的反动，一方面也可以辨别外界的刺激。为什么有敬和义两个名词呢，那是因为有事和没有事的关系。所以他说：

> 就如《易》言："敬以直内，义以方外。"敬即是无事时

义；义即是有事时敬。两句合说一件。如孔子言："修己以敬"，即不须言义。孟子言："集义"，即不须言敬。会得时横说竖说，工夫总是一般。若泥文逐句，不识本领，即支离决裂，工夫都无下落。《阳明全书》卷一传习录上答梁日孚问

程、朱和阳明所以对于敬和义有这样的不同的说法，也是有根本原因的。为什么呢？就是程、朱把居敬和穷理分作两事看。至于阳明呢？却把居敬和穷理看作一事。所以阳明说：

> 梁日孚问：居敬穷理是两事，先生以为一事，何如？先生曰：天地间只有此一事，安有两事？若论万殊，礼仪三百，威仪三千，又何止两？公且道居敬是如何？穷理是如何？曰：居敬是存养工夫，穷理是穷事物之理。曰：存养个甚？曰：是存养此心之天理。曰：如此亦只是穷理矣。曰：且道如何穷事物之理？曰：如事亲便要穷孝之理，事君便要穷忠之理。曰：忠与孝之理，在君亲身上，在自己心上？若在自己心上，亦只是穷此心之理矣。且道如何是敬？曰：只是主一，如何是主一？曰：如读书便一心在读书上，接事便一心在接事上。曰：如此则饮酒便一心在饮酒上。好色便一心在好色上，却是逐物，成甚居敬功夫？日孚请问。曰：一者天理，主一是一心在天理上，若只知主一，不知一即是理，有事时便是物逐，无事时便是着空。惟其有事无事，一心皆在天理上用功，所以居敬亦即是穷理。就穷理专一处说，便谓之居敬；就居敬精密处说，便谓之穷理。却不是居敬了别有个心穷理，穷理时别有个心居敬。名虽不同，功夫只是一事。同上

理学家存养的第三种方法，是思。

五、思：所谓思，就是反身内省的意思。和心理学上所说的内省法（Introspection）一般的。用思来修养，就是对自己意识活动的时候，加以观察，看那活动的方面是怎样。在这观察的过程中，可以发生两种作用：一、叫我们能辨别活动方面的好坏，因而去坏就好。一、可以打断妄念，就是停止不良的心理活动。例如我们有一种不良的心理正在活动的时候，如果加以内省，它那活动，不必故意去抑止它，也会因内省的结果，自然而然的停止。程子说：

……克己所以治怒。《二程遗书》卷一二先生语一

毋不敬，俨若思……思无邪。《二程遗书》十一明道先生语一

这是说思自然可以停止不良的心理活动。

周子说：

《洪范》曰："思曰睿，睿作圣。"无思，本也。思通，用也。几动于彼，诚动于此，无思而无不通为圣人。不思则不能通微，不睿则不能无不通，是则无不通生于通微，通微生于思。

《周子全书》卷二通书思第九

黄宗羲说：

几动诚动，言几中之善恶方动于彼，而为善去恶之实功，已先动于思。《宋元学案》卷十一上文按语

这是说思可以使我们辨别心理活动的方向，因而就善去恶。

程子说：

博学而笃志，切问而近思，何以言仁在其中矣？学者要思

得之。了此便是彻上彻下之道。《二程遗书》卷十四明道先生语四

思曰睿，睿作圣。才思便睿。以至作圣，亦是一个思。同上卷十八伊川先生语四

朱子说：

何以窒欲？伊川曰："思。"此莫是言欲心一萌，当思礼义以胜之否？曰：然。问思与敬如何？曰：人于敬上未有用力处，且自思入，庶几有个巴揽处。思之一字，于学者最有力。《朱子语类》卷九十七程子之书三

象山说：

大抵学者，且当大纲思省。《象山全集》卷三与曹挺之书

义理之在人心，实天之所与，而不可泯灭焉者也。彼其受蔽于物，而至于悖理违义，盖亦弗思焉耳，诚能反而思之，则是非取舍。盖有隐然而动，判然而明，决然而无疑者矣。《象山全集》卷三十二拾遗思则得之

阳明说：

思曰睿，睿作圣。心之官则思，思则得之，思其可少乎，沉空守寂，与安排思索，正是自私用智，其为丧失良知一也。良知是天理之昭明灵觉处，故良知即是天理，思是良知之发用。若是良知发用之思，则所思莫非天理矣。《阳明全书》卷二传习录中答欧阳崇一书

远虑不是茫茫荡荡去思虑，只是要存这天理。天理在人心，

亘古亘今，无有终始。天理即是良知。千思万虑，只是要致良知。良知愈思愈精明；若不精思，漫然随事应去，良知便粗了。
《阳明全书》卷三传习录下黄省曾录

以上的话，可以证明这派人是主张以思为修养的方法的。

他们既主张拿思去停止不良的意识活动，而促进好的意识，这可以证明他们并不一概反对一切的心理活动，只有当着心理活动时候，用思去观察一下，再用一番取舍功夫。所以他们极力反对佛家屏弃思虑见闻的话，因为这见闻思虑，是天然的心理活动，并不能屏除的。程子说：

> 学者以屏知见息思虑为道，不失于绝圣弃智，必流于坐禅入定。夫鉴之至明，则万物毕照，鉴之常也。而奚为使之不照乎？不能不与万事接，则有感必应，知见不可屏，而思虑不可息也。欲无外诱之患，惟内有主而后可。主心者主敬也。主敬者主一也，不一则二三矣。苟系心于一事，则他事无自入，况于主敬乎？《二程粹言》卷一论学篇

阳明说：

> 《系》言："何思何虑？"是言所思所虑，只是一个天理，更无别思别虑耳，非谓无思无虑也。故曰："同归而殊途，一致而百虑，天下何思何虑？"云殊途，云百虑，则岂谓无思无虑耶？《阳明全书》卷二传习录中启问道通书

理学家存养的第四种方法，是物观。

六、物观：怎样叫做物观呢？就是孔子所说毋意毋我的意思。换句话：就是随自然的变化而不听感情的支配。这是教人酬酢事变的修养。

邵子说：

　　夫鉴之所以能为明者，谓其不隐万物之形也。虽然，鉴之能不隐万物之形，未若水之能一万物之形也。虽然，水之能一万物之形，又未若圣人能一万物之情也。圣人之所以能一万物之情者，谓其能反观也。所以谓之反观者，不以我观物也。不以我观物者，以物观物之谓也。既能以物观物，又安有于其间哉？《皇极经世》卷六观物内篇之十二

张子说：

　　人到向道后，俄倾不舍，岂暇安寝哉？然君子向晦入燕处，君子随物而止，故入燕处，然其仁义功业之心未尝忘；但以其物之皆息，吾兀然而坐，无以为接，无以为功业，须亦入息。《张子全书》卷六理窟义理

程子说：

　　以物待物，不以己待物，则无我也。《二程遗书》卷十一明道先生语一

　　圣人之喜，以物之当喜；圣人之怒，以物之当怒。是圣人之喜怒，不系于心，而系于物也。《明道文集》卷三答张横渠书

阳明说：

　　然亦不是悬空的致知。致知在实事上格。《阳明全书》卷三传习录下黄以方录

象山说：

> 《诗》称文王不识不知，顺帝之则。《康衢之歌》，尧亦不过如此。《论语》之称舜、禹曰："巍巍乎有天下而不与焉。"人能知与焉之过，无识知之病，则此心炯然，此理坦然，物各付物，会其有极，归其有极矣！所过者化，所存者神，上下与天地同流，岂曰小补之哉？不然，则作好作恶之私，偏党反侧之患，虽贤者智者有所未免。中固未易执，和固未易致也。《象山全集》卷一与赵监书二

朱子说：

> 处己接物，内外无二道也。得于己而失于物者无之。故凡失于物者，皆未得于己者也。《朱子文集大全类编》第七册问答卷十二答程允夫一

理学家存养的第五种方法，是动静。

七、动静：动静是存养的方式。所谓动静，就是说修养到底是应该动呢？还是应该静呢？关于这个问题，后来的学者有许多误会。误会什么？就是说理学家不主张动的修养，而主张静的修养。所以有些人讥诮理学为禅学。其实理学那里是禅学呢？理学家也那里完全主张静而反对动呢？据我们的研究，理学固不是禅学，理学家也不完全主张静。他们是以动为本而以静为方的。周子说：

> 动而无静，静而无动，物也动而无动，静而无静，神也。动而无动，静而无静，非不动不静也。……物则不通，神妙万物。……四时运行，万物终始，混兮辟兮，其无穷兮。《周子全

书》卷二通书动静第十六

张子说：

至虚之实，实而不固；至静之动，动而不穷。实而不固，则一而散，动而不穷，则往且来。《张子全书》卷三正蒙乾称篇第十七

程子说：

一阳复于下，乃天地生物之心也。先儒皆以静为见天地之心，盖不知动之端，乃天地生物之心也。非知道者，孰能识之？《伊川易传》卷二上经复卦象

象山说：

静是天性，则动独不是天性耶？见前

这是他们以动为本的话。怎样叫做以动为本呢？就是说动是宇宙和人生的开始，如果没有动，那就可以说没有了宇宙，也没有了人生，所以动是不可少的。他们既认为动是不可少，那么，他们还会反对动吗？

周子说：

圣人定之以中正仁义，而主静。《太极图说》

这是周子以静为方的话，怎样叫做以静为方呢？就是无欲的意思。换句话：是教人去物欲而保持人心本来灵明昭觉的状态。为什么要去欲呢？因为一有了欲，心自然蠢动而不静。《史记》说："利令智昏。"就

是这个意思。所以要去欲保持心的静的状态,以便应付事物。上文本注上说:"无欲故静。"后来朱子注《太极图说》又说:

> 苟非此心寂然无欲而静,则又何以酬酢事物之变,而一天下之动哉?见朱子《太极图说》注

这足见理学家是以无欲训静。所以他们并不是教人呆木不动,是教人去欲保持本心静寂的状态,好应付外界的刺激。所以静不是整个的人生应有的态度,而是遇事应取的方法。至于人生整个的态度,无所谓静,无所谓动,如果是无欲的话,动也好,静也好。所以他们只说无欲,不问动静。程子说:

> 动以人则有妄,动以天则无妄。《二程粹言》卷一论学篇
> 前日思虑纷扰,又非礼义,又非事故,如是,则只是狂妄人耳。惩此以为病故要得虚静,其极欲得如槁木死灰,又却不是。盖人活物也,又安得为槁木死灰?既活则须有动作,须有思虑。必欲为槁木死灰,除是死也。忠信所以进德者,何也?闲邪则诚自存,诚存斯为忠信也。如何是闲邪?非礼而勿视听、言、动,邪斯闲矣。以此言之,又几时要身如槁木,心如死灰?《二程遗书》卷二上二先生语上

这是程子教人不必无谓的持静。弄成槁木死灰,只要无欲,闲邪存诚。至于动呢,还是要的。

朱子说:

> 动时静便在这里,动时也有静,顺理而应,则虽动亦静也。……事物之来,若不顺理而应,则虽块然不交于物以求静,心

亦不能得静。惟动时能顺理，则无事时能静；静时能存，则动时得力；须是动时也做工夫，静时也做工夫。……虽然，动静无端，亦无截然为动为静之理。《朱子语类》卷十二学六持守

这是朱子说我们修养不必问动静，只问顺理与不顺理。顺理就无欲。如果能顺理的话，那动静是一般的。如果不顺理的话，就是静也，是不能得静的。这足见朱子并没有反对动。

阳明说：

> 心无动静者也。其静也者，以言其体也。其动也者，以言其用也。故君子之学，无间于动静，其静也常觉，而未尝无也，故常应。其动也常定，而未尝有也，故常寂。常应常寂，动静皆有事焉，是之谓集义。集义故能无祗悔，所谓动亦定，静亦定者也。心一而已，静其体也，而复求静根焉，是挠其体也。动其用也，而惧其易动焉，是废其用也。故求静之心即动也，恶动之心非静也，是之谓动亦动，静亦动，将迎起伏，相寻于无穷矣。故循理之谓静，从欲之谓动，欲也者，非必声色货利外诱也，有心之私皆欲也。故循理焉，虽酬酢万变皆静也。濂溪所谓主静，无欲之谓也，是集义者也。从欲焉，虽心斋坐忘，亦动也。告子之强制，正助之谓也，是外义者也。《阳明全书》卷五六录二答伦武书

这是阳明说一个人的修养，无所谓动无所谓静的，就是无间于动静的意思。不过要循理去欲，能循理就是静了，从欲就是动了。

从第三至第七各节，是关于整个存养的方法。还有两点关于实现唯生的人生观的方法：一是求仁，一是公。

八、求仁：仁是生的象征。如桃仁、杏仁，从那个仁可以生出桃和

杏来的。所以朱子说：

> 且如万物收藏，何尝休了，都有生意在这里面。如谷种、桃仁、杏仁之类，种着便生，不是死物，所以名之曰仁。见得都是生意。《朱子语类》卷六性理三仁义礼智等名义

仁既是生的象征，那么简单的说，仁就是生了。所以周子在他的《通书·顺化篇》里说：

> 生，仁也。

程子说：

> 医书言手足痿痹为不仁，此言最善名状。仁者以天地万物为一体。《二程遗书》卷二上二先生语二上

阳明说：

> 仁是造化生生不息之理。《阳明全书》卷一传习录上答尚谦问

朱子说：

> 天地以生物为心者也。而人物之生，又各得夫天地之心以为心者也。故语心之德，虽其总摄贯通，无所不备，然一言以蔽之，则曰仁而已矣。……盖仁之为道，乃天地生物之心。《朱子文集大全类编》第七册杂著卷三仁说

以上是说仁就是生。

程子说：

> 学者须先识仁。……识得此理，以诚敬存之而已矣。《二程遗书》二上二先生语二上

朱子说：

> 圣人亦只教人求仁。盖仁、义、礼、智四者，仁足以包之。《朱子语类》卷六性理三仁义礼智等名义
>
> 百行万善，固是都合著力，然如何件件去理会得？百行万善，总于五常，五常又总于仁，所以孔，孟只教人求仁。同上

朱子说：

> 此孔门之学，所以必以求仁为先。盖此是万理之原，万事之本；且要先识认得，先存养得，方有下手立脚处耳。《朱子语类》卷六性理三仁义礼智等名义

以上是说人们应当求仁。

九、公：公是完成仁的工作，它的意义，是把生的范围，由己及人的扩大到天地万物中间去。换句话：就是不单求个人的生，还要求人物的生。周子说：

> 圣人之道至公而已矣。或曰：何谓也？曰：天地至公而已矣。《周子全书》卷二通书公第三十七

程子说：

> 仁者公也，人此者也。……孔子曰：己欲立而立人，己欲达而达人，能近取譬，可谓人之方也已。尝谓孔子之语仁以教人者，唯此为尽，要之不出于公也。《二程遗书》卷九二先生语九

要想达到公的目的，有两层工夫要应做到的。一是以天地万物为一体。

张子说：

> 天体物而不遗，犹仁体事无不在也。礼仪三百，威仪三千，无一物而非仁也。昊天曰明，及尔出王，昊天曰旦，及尔游衍，无一物之不体也。《张子全书》卷二正蒙天道篇第三

程子说：

> 仁者以天地万物为一体。莫非己也，认得为己，何所不至；若不有诸己，自不与己相干。如手足不仁，气已不贯，皆不属己。故博施济众，乃圣人之功用。仁至难言，故止曰："已欲立而立人，已欲达而达人，能近取譬，可谓仁之方也已。"欲令如是观仁，可以得仁之体。《二程遗书》卷二上二先生语二上

阳明说：

> 大人者以天地万物为一体者也。其视天下犹一家，中国犹一人焉。若夫间形骸而分尔我者，小人矣。大人之能以天地万物为一体也，非意之也，其心之仁本若是，其与天地万物而为

一也。岂惟大人，虽小人之心，亦莫不然，彼顾自小之耳。是故见孺子之入井，而必有怵惕恻隐之心焉，是其仁之与孺子而为一体也。孺子犹同类者也，见鸟兽之哀鸣觳觫，而必有不忍之心焉，是其仁之与鸟兽而为一体者也。鸟兽犹有知觉者也。见草木之摧折，而必有悯恤之心焉，是其仁之与草木而为一体也。草木犹有生意者也，见瓦石之毁坏，而必有顾惜之心焉，是其仁之与瓦石而为一体也。《阳明全书》卷二十六大学问

二是去私。阳明说：

小人之心，既已分隔隘陋矣。而其一体之仁，犹能不昧若此者，是其未动于欲，而未蔽于私之时也。及其动于欲，而蔽于私，而利害相攻，忿怒相激，则将戕物圮类，无所不为，其甚至有骨肉相残者，而一体之仁已矣，是故苟无私欲之蔽，则虽小人之心，而其一体之仁犹大人也。一有私欲之蔽，则虽大人之心，而其分隔隘陋犹小人矣。故夫为大人之学者，亦惟去其私欲之蔽，以自明其明德，复其天地万物一体之本然而已耳。《阳明全书》卷二十六大学问。

第三目　改过迁善及克己复礼

上目所说的，是积极的存养。这目所说的，是消极的存养。所谓改过迁善，是说我们要在做错了事以后，极力改除以前的错误，另向善的方面去做，再不要蹈那故辙。这是从表现于行为方面说的。克己复礼，是教人抑制私欲而反到天理的节文，也就是洗尽私欲，恢复那完全的我。这是从内心活动方面说的。这意义和去人欲存天理一般。但前目所说的去人欲存天理，是积极的话，怎样叫做积极呢？就是说心虽没有欲，也

要时时做着去欲存理的工夫。这目所说洗尽私欲恢复完全的我,是消极的话。怎样叫做消极呢?就是说如果我们心上起了私欲,就应该洗尽那私欲的念头,恢复那没有起念以前的我。一是事前的工夫,一是事后的工夫。所以要和改过迁善放在一块说。本节既是消极的修养,所以叙述的时候,只将他们所说改过迁善克己复礼的话,概括说一说。其余从略。

仲由喜闻过,令名无穷焉!今人有过,不喜人规,如护疾而忌医,宁灭其身而无悟也。噫!《周子全书》卷二通书过第二十六

孰无过?焉知其不能改?改则为君子矣。不改为恶,恶者天恶之!同上卷二通书爱敬第十五

君子终日乾乾不息于诚,然必惩忿窒欲,迁善改过而后至。乾之用,其善是。损益之大莫是过,圣人之旨深哉?同上乾损益动第三十一

这是周子说改过迁善的话。

……至易而难,果而确,无难焉。故曰一日克己复礼,天下归仁焉。同上诚下第二

这是周子说克己复礼的话。这段话的意思,是说实理是人所本有的,所以至易。但被人伪夺了实理,要克去那人伪——私欲——是很难的,所以行难,就是程子所说的克己最难的意思。但克己虽难,如果能够果而确,就是一方面能够明白实理是本有而坚守之,不让它被人伪所夺,一方面遇到人伪来夺的时候,毅然决然去克服它,那就没有什么难了,这就是克己复礼。

纤恶必除,善斯成性矣。察恶未除,虽善必粗矣。《张子全

书》卷二正蒙诚明篇第六

这是张子所说的改过迁善的话。

　　人须一事事消了病，则义理常胜。
　　仁之难成久矣。人人失其所好，盖人人有私欲之心，与学正相背驰，故学者要寡欲。以上二语见《近思录》卷五引《张子语录》

这是张子所说的克己复礼的话。

　　学问之道无他也。惟知其不善，则速改以从善而已。《伊川易传》卷二上经复卦初九
　　凡夫之过多矣。能改之者，犹无过也。《二程粹言》卷一论学篇
　　知过而能改，闻善而能有，克己以从义，其刚明者乎？同上

这是程子所说的改过迁善的话。

　　颜渊问克己复礼之目，夫子曰："非礼勿视，非礼勿听，非礼勿言，非礼勿动。"四者身之用也。由乎中而应乎外，制于外所以养其中也。颜渊请事斯语，所以进于圣人。后之学圣人者，宜服膺而勿失也。因箴以自警。视箴曰：心兮本虚，应物无迹，操之有要，视为之则。蔽交于前，其中则迁，制之于外，以安其内。克己复礼，久而诚矣。……《伊川文集》卷四四箴并序
　　克己复礼，则事事皆仁，故曰：天下归仁。人之视最先，

非礼而视，则所谓开目便错了。次听，次言，次动，有先后之序。人能克己，则心广体胖，仰不愧，俯不怍，其乐可知；有息则馁矣。《二程外书》卷三陈氏本拾遗

这是程子所说的克己复礼的话。

苟欲闻过，但当一一容受，不当复计其虚实，则事无大小，人皆乐告而无隐情矣。若切切计较，必与辨争，恐非告以有过则喜之意也。《朱子文集大全类编》第六册问答卷十四答陈明仲八

所谕平生大病最在轻弱。人患不自知耳。既自知得如此，便合痛下工夫，勇猛舍弃！不要思算前后，庶几能矫革，所谓药不瞑眩，厥疾不瘳者也。同上卷二十五答孙季和

然既知其病，即自讼而亟改之耳，何暇呫呫诵言，以咎既往之失，而求改过之名哉？今不亟改而徒言之，又自表其未有改之之实也，则是病中生病，名外取名，不但无益而已。同上卷三十二答杜仁仲六

所谕已悉。但区区方持此戒，不欲辄破之，故不敢承命，亦为贤者虑之。恐只中甚自愧，便是病根，不若从痛自斩绝，毋以此等为愧，而深求可愧之实；不必更为月攘之计，以俟来年；庶乎于迁善改过有日新之功，而胸中之浩然者，无所不慊而日充矣。《朱子文集大全类编》第五册书札卷十一答蔡季通

以上是朱子所说的改过迁善的话。

人有是身，则有耳、目、鼻、口、四肢之欲，而或不能无害夫仁。人既不仁，则其所以灭天理而穷人欲者，将益无所不至。此君子之学，所以汲汲于求仁，而求仁之要，亦曰去其所

以害仁者而已。盖非礼而视，人欲之害仁也；非礼而听，人欲之害仁也；非礼而言且动焉，人欲之害仁也。知人欲之所以害仁者在是，于是乎有以拔其本，塞其源，克之克之，而又克之，以至于一旦豁然，欲尽而理纯，则其胸中之所存者，岂不粹然天地生物之心，而蔼然其若春阳之温哉？默而成之，固无一理之不具，而无一物之不该也。感而通焉，则无事之不得于理，而无物之不被其爱矣。呜呼，此仁之为德，所以一言而可以尽性情之妙，而其所以求之之要，则夫子之所以告颜渊者，亦可谓一言而举也与？《朱子文集大全类编》第八册记卷三克斋记

这是朱子所说的克己复礼的话。

或问先生之学，当来自何处入？曰：不过切己自反，改过迁善。《象山全集》卷三十四语录傅子云录

古人惟知过则改，见善则迁，今各自执己是，被人点破，便愕然，所以不如古人！同上卷三十五

这是象山所说的改过迁善的话。

吾与常人言，无不感动。与谈学问者，或至为仇。举世人大抵就私意建立做事，专以做得多者为先。吾却欲反殄其私而会以理，此所以为仇。同上

这是象山所说的克己复礼的话。

夫过者自大贤所不免，然不害其卒为大贤者，为其能改也。故不贵于无过而贵于能改过。诸生自思平日亦有缺于廉耻忠信

之行乎？亦有薄于孝友之道，陷于狡诈偷刻之习乎？诸生殆不至于此。不幸或有之，皆其不知而误蹈，素无师友之讲习规饬也。诸生试内省：万一有近于是者，固亦不可以不痛自悔咎！然亦不当以此自歉，遂馁于改过从善之心。但能一旦脱然洗涤旧染，虽昔为寇盗，今日不害为君子矣。若曰：吾昔已如此，今虽改过而从善，将人不信我。且无赎于前过，反怀羞涩凝沮，而甘心于污浊终焉，则吾亦绝望尔矣。《阳明全书》卷二十六续编一教条示龙场诸生改过

上面是阳明所说的改过迁善的话。

　　故仁也者，礼之体也；义也者，礼之宜也；知也者，礼之通也。礼经三百，曲礼三千，无一而非仁也，无一而非性也。天叙天秩，圣人何心焉？盖无一而非命也。故克己复礼则谓之仁。穷理则尽性以至于命，尽性则动容周旋中礼矣。同上卷七文录四序礼记纂言序
　　故君子之论学也，不曰矫而曰克。克以胜其私，私胜而理复，无过不及矣。同上说矫亭说

以上是阳明所说的克己复礼的话。

第四目　出处进退辞受之义

所谓出处进退辞受之义，就是得官受爵或去职离位应有的修养。现在分条叙述于后：
　　一、尊德乐道：所谓尊德乐道，就是明明德而行其道的意思。这是出处进退辞受的目的。程子说：

贤者在下，岂可自进以求于君？苟自求之，必无能信用之理，古人之所以待人君致敬尽礼而后往者，非欲自为尊大，盖其尊德乐道《近思录》引文多"之心"二字不如是者，不足与有为也。《伊川易传》卷一上经士蒙象传

朱子说：

但愿老兄勿出于先圣规矩准绳之外；而用力于四端之微，以求乎衮公之所乐。《朱子文集大全类编》第六册问答卷七答陈同甫十二

象山说：

唐尧之际，道在皋陶。商周之际，道在箕子。天之生人，必有能尸明道之责者，皋陶、箕子是也，箕子所以佯狂不死者，正为欲传其道。既为武王陈《洪范》，则居于夷狄，不食周粟。《象山全集》卷三十四语录

君子遇穷困，则德益进，道益通。同上

阳明说：

高位以行道；而遽以媒利，是盗资也。于吾何有哉？《阳明全集》卷二十二外集四序送闻人邦允序。

二、贵道义：既以尊德乐道为出处进退辞受的目的，那么所贵重的自然是道义。道是什么？是由此可以登人民于衽席，致天下于太平的。义是什么？是行事之合于情理的。周子说：

道义者，身有之，则贵且尊。《周子全书》卷二通书师友下第二十五

君子以道充为贵，身安为富，故常泰无不足。而铢视轩冕，尘视金玉，其重无加焉尔。同上富贵第三十三

张子说：

今水临万仞之山，要下即下，无复凝滞。险在前惟知有义理而已，则复何回避，所以心通。《张子全书》卷十二语录抄

天下事大患，只是畏人非笑。不养车马，食麤衣恶，居贫贱，皆恐人非笑。不知当生则生，当死则死。今日万钟，明日弃之。今日富贵，明日饥饿，亦不恤，惟义所在。《近思录》卷七引《张子语录》

天下之富贵假外者，皆有穷已，盖人欲无餍，而外物有限。惟道义则无爵而贵，取之无穷也。《张子全书》卷七理窟学大原下

程子说：

君子修饰之道，正其所行。守节处义，其行不苟。义或不当，则舍车舆而宁徒行。众人之所羞，而君子以为贲也。……守节义，君子之所贵也。是故君子所贵《近思录》误作贵，世俗所羞；世俗所贵，君子所贱。《伊川易传》卷二上经贲初九

江永在这句下面加以按语说：

世俗以势位为荣，君子以道义为贵。故宁舍非道之车，而安于徒步。见《近思录集注》卷七注

贤者惟知义而已。命在其中，中人以下，乃以命处义。如言求之有道，得之有命，是求无益于得。知命之不可求，故自处以不求。若贤者则求之以道，得之以义，不必言命。《二程遗书》卷二上二先生语二上

象山说：

铢铢而称之，至石必缪；寸寸而度之，至丈必差。石称丈量，径而寡矣。此可为论人之法。且如其人：大概论之，在于为国为民为道义，此则君子人矣。大概论之，在于为私己，为权势，而非忠于国。徇于义者，则是小人矣。《象山全集》卷三十四语录

或劝先生之荆门，为委曲行道之计。答云：仲虺言汤之德曰："以义制事，以礼制心。"古人通体，纯是道义。后世贤者处心处事，亦非尽无礼义，特其心先主乎利害，而以礼义行之耳。后世所以大异于古人者，正在于此。古人理会利害，便是礼义。后世理会礼义，却只是利害。同上

义也者，人之所固有也。……自声色货利至于名位禄秩，苟有可致者，莫不营营而图之，汲汲而取之，夫如是求其喻于义得乎？君子则不然：彼常人之志，一毫不入于其心。念虑之所存，讲切之所及，唯其义而已矣。夫如是则亦安得而不喻乎此哉？同上卷三十二拾遗君子喻于义

朱子说：

就其不遇，独善其身，以明大义于天下，使天下之学者，皆知吾道之正而守之，以待上之使令，是乃所以报不报之恩者，

亦岂必进为而抚世哉?《朱子文集大全类编》第七册问答卷七答陈同甫十二

　　某之意,以为政烦民困,正有官君子尽心竭力之时;若人人内顾其私,各为自逸之计,则分义废矣。同上卷答詹元善

三、去利欲:

张子说:

　　世禄之荣,王者所以录有功,尊有德,爱之厚之,示恩遇之不穷也。为人后者,所宜乐职劝功,以服勤事任;长廉远利,以似述世风。而近代公卿子孙,方且下比布衣,工声病,售有司,不如求仕非义,而反羞循理为无能;不知荫袭为荣,而反以虚名为善继;诚何心哉?《近思录》卷七引《张子文集》文但与《文集》原文稍异

　　人多言安于贫贱,其实只是计穷力屈,才短不能营尽耳。若稍动得,恐未肯安之。须是诚知义理之荣于利欲也,乃能。《近思录》卷上引《张子语录》文

程子说:

　　问文中子谓诸葛亮无死,礼乐其有兴乎!诸葛亮可以当此否?先生曰:礼乐则未敢望他,只诸葛已近王佐。又问如取刘璋事如何?先生曰:只是这一事大不是。便是计较利害,当时只为不得此,则无以为资;然岂有人特地出迎他?却于坐上执之。大段害事,只是个为利。君子则不然,只一个义。不可便休,岂可苟为?《二程遗书》卷十九伊川先生语五

　　孟子辨舜、跖之分,只在义利之间。言间者相去不甚远,

所争毫末尔。义与利只是个公与私也。才出义，便以利言也。只那计较，便是为有利害；若无利害，何用计较，利害者天下之常情也。人皆知趋利而避害，圣人则更不论利害，惟看义当为不为，便是命在其中矣。《二程遗书》卷十七伊川先生语三

赵景平问子罕言利与命与仁，所谓利者何利？曰：不独财利之利，凡有利心便不可。如作一事，须寻自家稳便处，皆利心也。圣人以义为利，义安处便为利。如释氏之学，皆本于利，故便不是。同上十六伊川先生语二

朱子说：

孟子说未有仁而遗其亲，未有义而后其君，便是仁义未尝不利；然董生却说正其义不谋其利，明其道不计其功，又是仁义未必皆利；则且不免去彼而取此。盖孟子之言，虽是理之自然，然到直截剖判处，却不若董生之有力也。《朱子文集大全类编》第七册问答卷二十四答刘季章十六

将古今圣贤之言，剖析义利处，反覆熟读，时时思省义理何自而来，利欲何从而有，二者于人，孰亲孰疏，孰轻孰重，必不得已，孰取孰舍，孰缓孰急。初看时似无滋味，久之须自得合剖判处，则自然放得下矣。同上卷答时子云

象山说：

若果有志，且须分别势利道义两途。《象山全集》卷三十五语录

……然仆处足下之馆几半载，而不能回足下眷眷声利之心，此诚仆浅陋之罪。曾子曰："视其庭可以搏鼠，乌能与我歌

乎?"仲尼、颜子之所乐,宗庙之美,百官之富,金革百万之众在其中,岂可以二用其心,而期与富贵利达兼得之者哉?《记》曰"富润室,德润身"。孟子曰:"赵孟之所贵,赵孟能贱之。"又曰:"仁义忠信,乐善不倦。"此天爵也。公卿大夫,此人爵也。孟子之时,求人爵者,尚必修其天爵,后世之求人爵,盖无所事于天爵矣。舍此而从事于彼,何啻养一指而失其肩背?《象山全集》卷三与童伯虞书

阳明说:

志于道德者,功名不足以累其心;志于功名者,富贵不足累其心。但近世所谓道德,功名而已;所谓功名,富贵而已。仁人者正其谊,不谋其利,明其道,不计其功。一有谋计之心,则虽正谊明道,亦功利耳。诸友既索居,曰仁又将远别,会中须时相警发,庶不就弛靡。诚甫之足,自当一日千里,任重道远,吾非诚甫谁望邪?临别数语,彼此暗然,终能不忘,乃为深爱。《阳明全书》卷四文录一与黄诚甫书癸酉

阳明反对求利的话,除这点以外,还有更澈底明白的,那就是他的《拔本塞源论》。见《传习录》中《答顾东桥书》。这里为篇幅有限,故未引述。

四、受命:所谓受命,就是说出进退辞受,应听天命,不可强勉。这是理学家主张定命论的证据。

张子说:

"富而可求也,虽执鞭之士,吾亦为之。"不惮卑以求富,求之有可致之道也。然得乃有命,是求无益于得也。《张子全书》

卷三正蒙三十篇第十三

　　命于人无不正。系其顺与不顺而已。行险以侥幸，不顺命也。同上卷二正蒙诚明篇第六

程子说：

　　问家贫亲老，应举求仕，不免有得失之累，何修可以免此？曰：此是志不胜气，若志胜，自无此累。家贫亲老，须用禄仕，然得之不得，为有命。曰：在己固可，为亲奈何？曰："为己为亲，也只是一事。若不得，其如命何！孔子曰：'不知命，无以为君子。'人苟不知命，见患难必避，遇得丧必动，见利必趋，其何以为君子？"《二程遗书》卷十八伊川先生语四

朱子说：

　　富贵荣显，固非贪慕所得致；而贫贱患祸，固非巧力所可辞也。直道而行，致命遂志，一变末俗，复古人忠厚廉耻之余风，则或徐君之助也。《朱子文集大全类编》第八册序卷一赠徐端叔命序

象山说：

　　"道之将行也与，命也！道之将废也与，命也！公伯寮其如命何！""吾之不遇鲁侯，天也，臧氏之子，焉能使予不遇哉？"圣贤之知命如此。今之知命者，幸其知贫贱富贵之有定数也。而无为小人以害其心，斯可矣。《象山全集》卷二十赠丁润文

阳明说：

事天虽与天为二，然已真知天命之所在，但惟恭敬奉承之而已耳。《阳明全书》卷二传习录中答顾东桥书。

五、守正：所谓守正，就是出处进退辞受应以正为主。程子说：

　　寒士之妻，弱国之臣，各安其正而已。苟择势而从，则恶之大者，不容于世矣。《伊川易传》卷四下经困九四
　　大凡儒者，未敢望深造于道，且只得所存正，分别善恶，识廉耻，如此等人多，亦须渐好。《近思录》卷七引程子语

周子说：

　　圣人之道，中正仁义而已矣。《周子全书》卷二通书道第六
　　情伪微暧，其变千状，苟非中正明达果断者，不能治也。同上刑第三十六

张子说：

　　中正然后贯天下之道，此君子之所以大居正也。盖得正则得所止，得所止则可以弘而致于大。《张子全书》卷二正蒙中正篇第八

朱子说：

　　大凡论学，当先辨其所趋向之邪正，然后可察其所用之能否。苟正矣，虽其人或不能用，然不害其道之为可用也。如其不正，则虽有管仲、晏子之功，亦何足以称于圣贤之门哉？《朱

子文集大全类编》第七册问答卷十七答吕道一第一

象山说：

　　天之所以予我者，至大至刚，至直至平。至公如此，私小做甚底？人须是放教此心，公平正直：无偏无党，王道荡荡。无党无偏，王道平平。无反无侧，王道正直。《象山全集》卷三十五语录

阳明说：

　　格者正也，正其不正，以归于正也。《阳明全书》卷一传习录上

六、权变：所谓权变，是说出处进退辞受，应该察看时势，不可执一不变，换句话：就是要通权达变因时制宜，或者见幾而作。但这并不是教人投机和逢迎，而是教人可以仕则仕，可以止则止。不要委曲求全，或失节的。

周子说：

　　慎哉，其惟时中乎！《周子全书》卷二通书蒙艮第四十

张子说：

　　变则化，由粗入精也。化而裁之谓之变，以著显微也。
　　神不可致思，存焉可也。化不可助长，顺焉可也。存虚明，久至德，顺变化，达时中，仁之至，义之尽也。知微知彰，不

舍而继其善，然后可以成人性矣。

唯神为能变化，以其一天下之动也。人能知变化之道，其必知神之为也。见易则神其幾矣。以上均《张子全书》卷二正蒙神化篇第四

庸言庸行，盖天下经德达道：大人之德施于是者溥矣；天下之文明于是者著矣。然非穷变化之神，以时措之宜，则或陷于非礼之礼，非义之义也。此颜子所以求龙德正中，乾乾进德，思处其极，未敢以方体之常，安吾止也。惟君子为能与时消息，顺性命躬天德，而诚行之也。精义时措，故能保合太和，健利且贞。孟子所谓始终条理，集大成于圣智者与。《易》曰：大明终始，六位时成，时乘六龙以御天，乾道变化，各正性命，保合大和，乃利贞，其此之谓乎？同上卷三大易篇第十四圣之时，当其可之谓时，取时中也。可以行，可以止，此出处之时也。至于言语动作，皆有时也。同上卷十二语录抄

程子说：

惟善变通，便是圣人。《二程遗书》卷六二先生语六

世之学者，未尝知权之义。于理所不可，则曰姑从权，是以权为变诈之术而已矣。夫临事之际，称轻重而处之，以合于义，是之谓权，岂拂经之道哉？

仕止久速惟其可，不执于一。故曰：君子而时中也。以上均《二程粹言》卷一论道篇

或问何谓时中？子曰：犹之过门不入，在禹、稷之世为中也，时而居陋巷，则过门不入非中矣。居于陋巷，在颜子之时为中也，时而当过门不入，则居于陋巷非中也。盖以事言之，

有时而中，以道言之，何时而不中也？同上

中无定体，惟达权然后能执之。同上

朱子说：

夫圣贤固不能自为时，然其仕久止速，皆当其可。则其所以自为时者，亦他非人之所能夺矣。岂以时之不合，而变吾所守以徇之哉？《朱子文集大全类编》第七册问答卷七答陈同甫十三

象山说：

故君子以理制事，以理观象。故曰：变动不居，周流六虚，上下无常，刚柔相易，不可为典要，唯变所适。《象山全集》卷三十四语录

阳明说：

问孟子言执中无权犹执一。先生曰：中只是天理，只是易，随时变易，如何执得？须是因时制宜，难预先定一个规矩在。如后世儒者，要将道理一一说得无罅漏，立定个格式，此正是执一。《阳明全书》卷一传习录上答王嘉秀。

第五目　改过及人心疵病

这目所讨论的，是关于心理状态活动的研究及其涵养的方法。《中庸》里所说的"喜怒哀乐之未发谓之中，发而皆中节谓之和"就是这个问题的核心。喜怒哀乐等就是情。情是心理的一部分。

怎样叫做中呢？中就是情的本体。情的自身，是一种动的东西。既是动的，自然是有所从来的，就是有它发源的地方，那发源的地方，就是情的本体，这本体是什么？是性。所以情就是性的活动东西。因为这种本体——性的状态是无所偏倚的，所以叫做中。"和"呢，是情的本身的一种特质，也就是它的一种最高的德。因为情发动的时候，照理想去说，都是合理，没有什么乖戾的。所以能表现出一种最高的德——和——的特质。

以上是《中庸》所说中和的意思。《中庸》里不单说明了这中和的意思，而且更进一层，说明这种中和的价值。《中庸》说：

> 中也者天下之大本也。和也者天下之达道也。

怎样叫做大本呢？就是天命的性；天下的理，皆由这性表现出来的。怎样叫做达道呢？就是天下古今所必共由的道理。从这两点去观察，可以知道中和价值的伟大。既是这样的伟大，所以《中庸》以及理学，都尽量发挥中和的意义，倡著运用中和的道。但本目范围很小，有许多无关系的话，一概省略不叙。现在分条叙述涵养这种情的活动以及补救这种情的流弊。

为什么要涵养这种情呢？因为它本来是发而莫不中节，本来是和的。但理论是这样，事实往往不然，为什么呢？因为人们往往被物欲所诱惑，或掩蔽，因此这情发动的时候，不能依照原来的标准。朱子曾说过：

> 喜怒哀乐未发，是则所谓中也。发而莫不中节，是则所谓和也。然人为物诱而不能自定，则大本有所不立；发而或不中节，则达道有所不行。大本不立，达道不行，则虽天理流行，未尝间断，而其在我者或几乎息矣。《朱子语类》卷五性情心意等名义

因为这层关系，所以要加一番涵养的工夫，叫外物不能从中捣乱。这种涵养的工夫，在《中庸》里所说的就是：

> 戒慎乎其所不睹，恐惧乎其所不闻。

这就是叫情常常保持一种平静状态。至于理学家呢？他们也是和《中庸》一般的主张；但他们有些不同的地方，就是各个人建立了许多详细节目。这话我们可以在阳明的话说中间看明白。

> 问"伊川谓不当于喜怒哀乐未发之前求中，延平却教学者看未发之前气象。何如"？先生曰："皆是也。"伊川恐人于未发前讨个中，把中做一物看，如吾向所谓认气定时做中，故令只于涵养省察上用功。延平恐人未便有下手处，故令人时时刻刻求未发前气象，使人正目而视惟此，倾耳而听惟此；即是戒慎不睹，恐惧不闻的工夫，皆古人不得已诱人之言也。《阳明全书》卷一传习录上答澄问

除此以外，还有几点，就是立诚去人欲存天理以及敬义夹持等。关于这些话，已在前面引述过，现在再引述一二，以资证明。阳明说：

> 在一时一事，固亦可谓之中和，然未可谓之大本达道，人性皆善，中和是人人原有的，岂可谓无？但常人之心既有所昏蔽，则其本体虽亦时时发见，终是暂明暂灭，非其全体大用矣。无所不中，然后谓之大本，无所不和，然后谓之达道，惟天下之至诚，然后能立天下之大本。同上

这是说立诚的工夫。

> 汝若于货色利名等心，一切皆如不做劫盗之心一般，都消灭了，光光只是心之本体，看有甚闲思虑？此便是寂然不动，便是未发之中，便是廓然大公：自然感而遂通，自然发而中节，自然物来顺应。同上

> 中只是天理。……去得人欲，便识得天理。……须是平日好色好利好名等项一应私心，扫除荡涤，无复纤毫留滞，而此心全体廓然，纯是天理，方可谓之喜怒哀乐未发之中，方是天下之大本。同上

这是说去人欲存天理的工夫。朱子说：

> 惟君子知道之不可须臾离者，其体用在是，则必有以致之以极其至焉。盖敬以直内，而喜怒哀乐无所偏倚，所以致夫中也。义以方外，而喜怒哀乐各得其正，所以致夫和也。敬义夹持，涵养省察，无所不用其戒谨恐惧，是以当其未发而品节已具，随所发用，而本体卓然，以至寂然感通无少间断，则中和在我，天人无间，而天地之所以位，万物之所以育，其不外是矣。《朱子文集大全类编》第七册杂著卷三中庸首章说

这是敬义夹持的工夫。

以上是关于涵养的话，现在来叙述补救的方法。为什么补救呢？因为人们的心理活动，往往有一种错误的现象，既有错误，自然不能不图谋补救。补救的方法，又怎样呢？简单的说，就是要明理，为什么要明理呢？因为人们所以有错误的心理活动，就是对于事理不明白。譬如惧，也是一种心理活动。但是一个人为什么会惧呢？——例如乡人见磷火为什么生惧呢？因为他们没有明白磷火发生的道理。如果能明白道理，那

就不会害怕了。所以理学家对于一种病态的心理,都用明理的方法去医治它。现在引证如下:程子说:

> 有恐惧心,亦是烛理不明。《二程遗书》卷三三先生语三

这话可以证明病态的心理,或者错误的心理的发生,是由于没有明白事理的话。

> 今日杂信鬼怪异说者,只是不先烛理,若于事上一一理会,则有甚尽期,须只于学上理会。同上卷二下二先生语二下
>
> 尝问好谈鬼神者,皆未曾闻见,皆是见说,烛理不明,便传以为信也。假使实所闻见,亦未足信,或是心病,或是目病。同上
>
> 明理可以治惧。《二程遗书》卷一二先生语一
>
> 目畏尖物,此事不得放过,便与克下,室中率置尖物,须以理胜佗,尖必不刺人也,何畏之有。同上卷二下先生语二下

阳明说:

> 纷杂思虑,亦强禁绝不得只就思虑萌动处省察克治,到天理精明后,有个物各付物的意思,自然静专,无纷杂之念。《阳明全书》卷二十六续编一与滁阳诸生并问答语
>
> 故烛理明则私欲不能蔽累,私欲不能蔽累,则自无不宏毅矣。同上卷四文录一书答王虎谷辛未

这种拿明理治人心疵病的方法,和现代心理学的精神分析法差不多,所以很值得我们注意的!

第四纲　论政治

第一目　总　论

这纲所讨论的，是理学的政治哲学，包括治国平天下之道及其方法（制度），齐家之道，处事之方等目。现在分目叙述于后：

第二目　治国平天下之道

所谓治国平天下之道，这个"道"是指什么？是指一种无形的法则说，和那有形的制度，是两样的。但彼此虽然是两样东西，却有密切关系的。什么关系呢？就是道乃法（制度）的体，法乃道的用。换句话：道是立法的原则，法是行道的征象，法从道生，道从法彰。所以凡是政治都分有两方面：一方面是政治的道，一方面是政治的法。政治的道——原则——是什么？是治身齐家以至平天下。政治的法是什么？是建立治纲，分正百职，顺时揆事，创立制度。所以程子说：

圣人治天下之道，唯此二端而已。治身齐家以至平天下者，治之道也。建立治纲，分正百职，顺天时以制事，至于创制立度，尽天下之事者，治之法也。《伊川经说》卷二尧典说

但治之道又分两点：一是"本"，一是"则"，周子说：

治天下有本，身之谓也。治天下有则，家之谓也。《周子全书》卷二通书家人睽复无妄第三十二

现在先说本。这个本字，是什么意思呢？照理讲，自然是一种基础，但是我们把它扩大来说，也可以说是理学的政治哲学的根本思想。这种根本思想，到底是怎样的呢？是以伦理为基础，由个人的修养推行到治国平天下的。换句话：是拿个人的良善修养，当做治国平天下的手段，而拿治国平天下，当做个人良善修养的目的。所以周子说身是治天下的本。这个理由，除了周子的话可以证明，还有程子、朱子的话，也可以证明。程子说：

得天理之正，极人伦之至者，尧、舜之道也。《明道文集》卷二奏疏表论王霸之辨

这是程子说尧、舜的治天下之道，是完全建筑在伦理上的。
朱子说：

治国平天下，与诚意正心修身齐家，只是一理。所谓格物致知，亦曰知此而已矣，此《大学》一书之本旨也。今必以治国平天下，为君相之事，而学者无与焉，则内外之道，异本殊归，与经之本旨，正相南北矣。禹、稷、颜回同道，岂必在位

乃为政哉？（一本作邪）《朱子文集大全类编》第六册问答卷十五答江德功第二书

这是朱子把修身与行政看做一回事的话。从这里去研究，我们不单明了理学的政治哲学，是拿修养做手段，修养和行政是一回事，还可以一方面明了政治与人生的关系，是在造就人格的，一方面知道学者责任的重大，和政治的密切。

但这种思想，并不是理学家新创的，不过理学家加以发挥罢了。为什么不是新创的呢？因为这种思想，在《大学》里已显明的表现出来了。《大学》里说：

> 大学之道，在明明德，在亲民，在止于至善。……古之欲明明德于天下者，先治其国；欲治其国者，先齐其家；欲齐其家者，先修其身；欲修其身者，先正其心；欲正其心者，先诚其意；欲诚其意者，先致其知，致知在格物；格物而后知至，知至而后意诚，意诚而后心正，心正而后身修，身修而后家齐，家齐而后国治，国治而后天下平。自天子以至于庶人，壹是皆以修身为本。其本乱而末治者，否矣。其所厚者薄，而其所薄者厚，未之有也。

这段话就是拿修身为本，治国平天下为末的。所以要治天下必需先讲修身，能够实地修身，那就是做了治国平天下的第一步工作。所以一个人能从格物致知，把诚意正心修身充实，到至极的地步，那就能使治国平天下的功效，达到最高限度。所以朱子说：

> 如孟子说仁义处，只就仁义上说道理。孔子答颜渊以克己复礼，只就克己复礼上说道理。若《大学》却只统说。论其功

用之极,至于平天下;然天下所以平,却先须治国;国之所以治,却先须齐家;家之所以齐,却先须修身;身之所以修,却先须正心;心之所以正,却先须诚意;意之所以诚,却先须致知;知之所以至,却先须格物:本领全只在这两字上。又须知如何是格物。许多道理,自家从来合有不合有。定是合有,定是人人都有。人之心,便具许多道理:见之于身,便是身上有许多道理;行之于家,便是一家之中,有许多道理;施之于国,便是一国之中,有许多道理;施之于天下,便是天下有许多道理。见《朱子全书》卷七大学一引《朱子语类》语

《大学》首倡这种思想以后,理学家竞相附和,所以他们的话,不能脱离这个范围。现在引他们的话,比较如下:

程子说:

君仁莫不仁,君义莫不义。天下之治乱,系(《近思录》作繋)乎人君仁不仁耳。虽是而非,则生于其心,必害于其政。岂待乎作之于外哉?昔者孟子三见齐王而不言事,门人疑之。孟子曰:我先攻其邪心。心既正,然后天下之事,可从而理也。夫政事之失,用人之非,知者能更之,直者能谏之;然非心存焉,则一事之失,救而正之,后之失者,将不胜救矣。格其非心,使无不正,非大人其孰能之?《二程外书》卷六

《大学》曰:"物有本末,事有终始,知所先后,则近道矣。"人之学,莫大于知本末终始,致知在格物,则所谓本也,始也。治国平天下,则所谓末也,终也。治天下国家必本诸身,其身不正,而能治天下国家者无之。《二程遗书》卷二十五伊川语录十一

张子说：

  为政必身倡之，且不爱其劳，而又益之以不倦。《张子全书》卷二正蒙有司篇第十三

  帝王之道不必改途而成，学与政不殊心而得矣。《张子全书》卷十三文集答范巽之书第一

朱子说：

  多是要求济事，而不知自身已不立，事决不能成。人自心若一毫私意未尽，皆足以败事。如上有一点黑，下便有一扑黑，上有一毫差，下便有寻丈差。《朱子语类》卷十三学七力行

象山说：

  若夫朝谋夕访，求所以治乎人，而不知反求诸其身，安知夫大人正己而物正。而二指乾卦九二之君德在庸言之信庸行之谨之善世者，特在乎言行之间而已也。

  大矣哉！德之见于天下也，推吾所有兼善天下，此固人之所甚欲。然有诸己而后求诸人，无诸己而后非诸人，所藏乎身不恕，而能喻诸人者，未之有也。故君子正身以正四方，修己以安百姓，且日丽（光明也）必照物，云油油然云盛貌必雨苗，和顺积中，英华发外，极吾之善，斯足以善天下矣。以上均《象山全集》卷二十九程文庸言之信……篇

阳明说：

自格物致知至平天下，只是一个明明德，虽亲民亦明德事也。明德是此心之德，即是仁。仁者以天地万物为一体，使有一物失所，便是吾仁有未尽处。只说明明德而不说亲民，便似老佛。《阳明全集》卷一传习录上答尚谦问

理学家既认修身与治国是一回事，修身就是治国的基础，于是他们所说的如何治国平天下的话，都是诚心或诚意正心的话。周子说：

本必端，端本诚心而已矣。《周子全书》卷二通书家人睽复无妄第三十二

身端，心诚之谓也。诚心复其不善之动而已矣。同上

程子说：

故诚心而王则王矣。……惟陛下稽先圣之言，察人事之理，知尧、舜之道备于己，反身而诚之，推之以及四海……则万世幸甚！《明道文集》卷二奏疏表论王霸之辨

所谓立志者，至诚一心，以道自任，以圣人之训为可必信，先王之治为可必行，不狃于近规，不迁惑于众口，必期致天下如三代之世，此之谓也。夫以一夫之身，立志不笃，则不能自修，况天下之大，非体乾刚健，其能治乎？《伊川文集》卷一奏疏为太中上皇帝应诏书

人君比天下之道，当显明其比道而已。如诚意以待物，恕己以及人，发政施仁，使天下蒙其惠泽，是人君亲以比天下之道也。……非惟人君比天下之道如此，大率人之相比莫不然，以臣于君言之，竭其忠诚，致其才力，乃显其比君之道也，用之与否在君而已，不可阿谀逢迎，求其比己也。在朋友亦然，

修身诚意以待之，亲己与否在人而已，不可巧言令色曲从苟合，以求人之比也。……《伊川易传》卷一上经上比卦九五传

张子说：

方且创艾其弊，默养吾诚；顾所患日夕不足，而未果他为也。《张子全书》卷十四拾遗

朱子说：

……然熹之私计，愚窃不胜十寒众楚之忧，不审高明何以处之？计此亦无他术，但积吾诚意于平日，使无食息之间断，则庶乎其可耳。《朱子文集类编》第五册书札卷二答张敬夫四

象山说：

庸言之信，庸行之谨，闲邪存其诚，善世而不伐，德博而化，此所以为君德欤？

安知夫明明德于天下者，盖本于正心诚意，而二之德博者，由乎其诚之存也。至矣哉，诚之在天下也。以上《象山全集》卷二十九程文庸言之信……

阳明说：

后世大患，全是士大夫以虚文相诳，略不知有诚心实意，流积成风，虽有忠信之质，亦且迷溺其间，不自知觉。……今欲救之，惟有返朴还淳，是对症之剂。《阳明全书》卷六文录三书

寄邹谦之第三书

以上是理学家主张诚心或诚意的话。诚意和诚心，有什么分别呢？没有什么分别的。诚心即可诚身，是《中庸》的工夫。诚意是《大学》的工夫。阳明说：

> 大抵《中庸》工夫只是诚身，诚身之极，便是至诚。《大学》工夫，只是诚意，诚意之极，便是至善：工夫总是一般。
> 《阳明全书》卷一传习录上答希渊问

程子说：

> 治道亦有从本而言，亦有从事而言。从本而言，惟从格君心之非，正心以正朝廷，正朝廷以正百官。《二程遗书》卷十五伊川先生语一

张子说：

> 孟子曰："人不足与适也，政不足与间也，唯大人为能格君心之非。"非惟君心，至于朋游学者之际，彼虽议论异同，未欲深较。惟整理其心，使归之正，岂小补哉？《张子全书》卷十二语录抄

朱子说：

> 明公若察其愿忠之意，而宽其忌分之诛，则愿深考圣贤所传之正，非孔子、子思、孟、程之书，不列于前，晨夜览观，

穷其指趣，而反诸身以求天理之所在，既以自正其心，推之以正君心，又推而见于言语政事之间，以正天下之心，则明公之功名德业，且将与三代王佐比隆。《朱子文集大全类编》第五册书札卷一与汪尚书书一

往者犹意明公来归，必将有以上正君心，下起颓俗，庶几或可效其尺寸以佐下风，是以未敢决然遂为自屏之计。同上答汪尚书

此古之欲平天下者，所以汲汲于正心诚意，以立其大本也。同上卷一答张敬夫书三

象山说：

为善为公，心之正也。……吾邑街道不治久矣，行者疾之！乃有肯出心力，捐货财，辛勤而为之者，此真为善为公，而出于其心之正者也。……履是街者皆唐、虞、成周之人也，诸君勉之！《象山全集》卷二十赠金溪溺街者

某与人理会事，便是格君心之非事。同上卷三十五语录包扬录

以上是理学家主张正心的话。
现在再来说"则"。"则"就是法则或原则，但和制度不同。
第一种则，就是"先立志"。程子说：

今言当世之务者，必曰所先者宽赋役也，……臣以为所尤先者有三焉，请为陛下陈之：一曰立志、二曰责任、三曰求贤。今虽纳嘉谋，陈善算，非君志先立，其能听而用之乎？君欲用之，非责任宰辅，其孰承而行之乎？君相协心，非贤者任职，其能施于天下乎？三者本也，制于事者用也。有其本，不患无

其用,三者之中,复以立志为本。君志立而天下治矣。《伊川文集》卷一奏疏为太中上皇帝应诏书

故治天下者,必先立其志。正志先立,则邪说不能移,异端不能惑,故力进于道而莫之御也。《明道文集》卷二奏疏表论王霸之辨(一作王霸札子)

象山说:

人惟患无志。有志无有不成者。《象山全集》卷三十五语录李伯敏录

阳明说:

承示既饱不必问其所食之物,此语诚有病,已不能记当时所指,恐亦为世之专务辨论饱说而不求深造自得者说,故其语意之间,不无抑扬太过,虽然,苟诚知求饱,将必五谷是资。鄙意所重,盖以责夫不能诚心求饱者,故遂不觉其言之过激,亦犹养之未至也。凡言意所不能达,多假于譬喻,以意逆志,是为得之。若必拘文泥象,则虽圣人之言,且亦不能无病,况于吾侪,学未有至,词意间本已不能无弊者,何足异乎?今时学者大患,不能立恳切之志,故鄙意专以责志立诚为重,同志者亦观其大意之所在斯可矣。《阳明全书》卷二十七续编二与顾惟贤书

第二种则就是"止"。所谓止,就是止于至善的意思。和孔子在《论语》里所说的正名的意思相像。正名是叫事物各得一个适当的名分,既不会太过,又不会不及,生出一种名不符实的弊病。止于至善,也是

要事物各安其位，没有太过与不及。所以程子说：

> 孔子为政先正名，名实相须故也。一事苟，则无不苟者矣。
> 《二程粹言》卷一论政篇

现在引述一些他们主张止的话。程子说：

> 夫有物必有则：父止于慈，子止于孝，君止于仁，臣止于敬。万物庶事，莫不各有其所。得其所则安，失其所则悖。圣人所以能使天下顺治，非能为物作则也，惟止之各于其所而已。
> 《伊川易传》卷四下经下艮象辞

张子说：

> "时止则止，时行则行，动静不失其时，其道光明。"学者必时其动静，则其道乃不蔽昧而明白。《张子全书》卷十易说艮卦说
>
> 位，所安之分也。如"素夷狄行乎夷狄，素患难行乎患难"。同上艮象说

象山说：

> "绵蛮黄鸟，止于丘隅，于止知其所止，可以人而不如鸟乎？知止而后有定，定而后能静，静而后能安，安而后能虑，虑而后能得。"学不知止，而谓其能虑能得，吾不信也。人不自知其为私意私说，而反致疑于知学之士者，亦其势然也。人诚知止，即有定论，静、安、虑、得，乃必然之势，非可强致

之也。……《书》曰:"钦厥止",不知所止,岂能钦厥止哉?又曰:"安汝止",不钦厥止,岂能安汝止哉?《象山全书》卷一与邓文范书

阳明说:

固有欲明其明德者矣,然惟不知止于至善,而骛其私心于过高,是以失之虚罔空寂,而无有乎家国天下之施,则二氏之流是矣。固有欲亲其民者矣,然惟不知止于至善,而溺其私心于卑琐,是以失之权谋智术,而无有乎仁爱恻怛之诚,则五伯功利之徒,是矣。是皆不知止于至善之过也。故止至善之于明德亲民也,犹之规矩之于方圆也,尺度之于长短也,权衡之于轻重也。故方圆而不止于规矩,爽其则矣。长短而不止于尺度,乖其剂矣。轻重而不止于权衡,失其准矣。明明德亲民而不止于至善,亡其本矣。故止于至善以亲民而明其明德,是之谓大人之学。《阳明全书》卷二十六大学问

朱子说:

燔谓:"知止则志不惑乱而有定向,志定则此心无扰而静,心静则此身无适而不安。心静身安,则用自利,事物之来,不特能即事见理,又能先事为防,如后甲三日,后庚三日之云,其于事之终始先后,已至未然,皆无遗鉴,皆无失举矣,如是而后得其所止,则可以谓之诚有是善,而诚极是矣。"曰:"此段得之。"《朱子文集大全类编》第六七册问答卷三十三答李子敬燔书

第三种则就是"足民"。所谓足民,就是使人民生活充裕,多为善

去恶的机会。这种思想，是儒家一贯的思想。孔子虽然主张"自古皆有死，民无信不立"，有先锻炼人格而后解决生活的意见；但是从方法上讲，他也是主张"富而教之"的，至于孟、荀等子，更不消说，是主张先物质的安定，而后精神的锻炼的。理学家的思想，虽不一定完全是儒家的思想，但他们是处处以奉承孔、孟为号召的，所以关于孔、孟这种重要的主张，自然要承受而加以提倡的。现在引他们的话，以资证明。

张子说：

　　子之不欲，虽赏之不窃，欲生于不足，则民盗；能使无欲，则民不为盗。假设以子不欲之物赏子，使窃其所不欲，子必不窃，故为政者，在乎足民，使民无所不足，不见可欲，而盗必息矣。《张子全书》卷三正蒙有司篇第十三

程子说：

　　君子发（《近思录》作法）豨豕之义，知天下之恶，不可以力制也。则察其机，持其要，塞绝其本原，故不假刑罚严峻，而恶自止也。且如止盗，民有欲心，见利则动；苟不知教而迫于饥寒，虽刑杀日施，其能胜亿兆利欲之心乎？圣人则知所以止之之道：不尚威刑，而修政教，使之有农桑之业，知廉耻之道，虽赏之不窃矣。《伊川易传》卷二大畜六五

　　养民者以爱其力为本。民力足，则生养遂，然后教化可行，风俗可美，是故善为政者，必重民力。《二程粹言》卷一论政篇

象山说：

又况天生民而立之君，使司牧之，故君者所以为民也。《书》曰："德惟善政，政在养民，行仁政者，所以养民，君不行仁政，而反为之聚敛以富之，是助君虐民也。宜为君子之所弃绝！"《象山全集》卷二十二杂著杂说

阳明说：

夫圣人之心，以天地万物为一体。其视天下之人，无外内远近，凡有血气，皆其昆弟赤子之亲，莫不欲安全而教养之，以遂其万物一体之念。《阳明全书》卷二传习录中答顾东桥书

朱子说：

孟子论王道以制民产为先。今井地之制，未能遽讲，而财利之柄，制于聚敛掊克之臣；朝廷不恤诸道之虚实，监司不恤州县之有无，而为州县者，又不复知民间之苦乐；盖不惟学道不明，仕者无爱民之心，亦缘上下相逼，只求事办，虽或有此心而亦不能施也。此由不量入为出，而反计费以取民，是以末流之弊，不可胜救。愚意：莫若因制国用之名，而遂修其实，明降诏旨，哀悯民力之凋悴，而思所以膏泽之者。令逐州县各具民田一亩，岁入几何，输税几何，非泛科率又几何。州县一岁所收金谷总计几何，诸色支费总计几何，有余者归之何许，不足者何所取之，俟其毕集，然后选忠厚通练之士数人，类会考究，而大均节之，有余者取，不足者与，务使州县贫富，不至甚相悬。则民力之惨舒，亦不至大相绝矣。《朱子文集大全类编》第五册书札卷二答张敬夫书四

以上数则，都是这派所说为政必先充足民力的话。

第三目　制　度

所谓制度，就是实施政治的方案，条目工夫，非常繁琐。本书所讨论的或叙述的，是偏重思想方面的。至于政治上各项实施细节，本书不得不从略，且因篇幅有限，也不能一概叙述。所以本目是述理学家所主张的制度原理，并不是制度的本身细节。这种制度的原理，一言以蔽之，就是复古，所谓计上世之事，行先王之制。现在引述理学家主张恢复古制的话，以资证明。

周子说：

> 古者（《近思录》无者字）圣王，制礼法，修教化，三纲正，九畴叙，百姓大和，万物咸若，乃作乐以宣八风之气，以平天下之情。故乐声淡而不伤，和而不淫（《近思录》作流），入其耳，感其心，莫不淡且和焉。淡则欲心平，和则躁心释。优柔平中，德之盛也。天下化中，治之至也，是谓道配天地，古之极也。后世礼法不修，政刑苛紊，纵欲败度，下民困苦。谓古乐不足听也，代变新声，妖淫愁怨，导欲增悲，不能自止，故有贼君弃父，轻生败伦，不可禁者矣！呜呼！乐者，古以平心，今以助欲。古以宣化，今以长怨。不复古礼，不变今乐，而欲致治者远矣！《近思录》作哉

这是周子主张恢复古代礼乐的话。

张子说：

> 仁政必自经界始。贫富不均，教养无法，虽欲言治，皆苟

而已。世之病难行者，未始不以亟夺富人之田为辞。然兹法之行，悦之者众，苟处之有术，期以数年，不刑一人而可复。所病者特上未之行尔（《近思录》作特上之人未行耳）。乃言曰：纵不能行之天下，犹可验之一乡。方与学者，议古之法，共买田一方，尽为数井，上不失公家之赋役，退以其私正经界，分宅里，立敛法，广储蓄，兴学校，成礼俗，救灾恤患，敦本抑末，足以推先王之遗法，明当今之可行，此皆有志未就。《张子全书》卷十五附录行状吕大临撰

治天下不由井田，终无由得平。周道只是均平。《近思录》卷九引《张子语录》

朱子说：

此却须就今日边郡官田，略以古法，画为丘井沟洫之制，亦不必尽如周礼古制，但以孟子所言为准，尽为一法使通之。边郡之地，已有民田在其间者，以内地见耕官田易之，使彼此无疆场之争，军民无杂井之扰。此则非惟利于一时，又可渐为复古之绪。高明试一思之。《朱子文集大全类编》第五册书札答张敬夫书四

这是张子、朱子主张恢复古代田制的话。
张子说：

古者有东宫，有西宫，有南宫，有北宫，异宫而同财，此礼亦可行。《近思录》卷九引《张子乐说》文
这是张子主张恢复古宫室制的话。
阳明说：

> 古之教者，教以人伦，后世记诵词章之习起，而先王之教亡。今教童子，惟当以孝弟忠信礼义廉耻为专务。其栽培涵养之方，则宜诱之歌诗以发其志意，导之习礼以肃其威仪，讽之读书以开其知觉。今人往往以歌诗习礼为不切时务，此皆末俗庸鄙之见，乌足以知古人立教之意哉？《阳明全书》卷二传习录中训蒙大意示教读刘伯颂等

这是阳明主张恢复古代教育的话。

程子说：

> 盖无古今，无治乱，如生民之理有穷，则圣王之法可改。后世能尽其道则大治，或用其偏则小康，此历代彰灼著明之效也。苟或徒知泥古而不能施之于今，姑欲循名而遂废其实，此则陋儒之见，何足以论治道哉？然傥谓今人之情，皆已异于古，先王之迹，不可复于今，趣便目前，不骛高远，则亦恐非大有为之论，而未足以济当今之极弊也。《明道文集》卷二奏疏表论十事札子

象山说：

> 天下有不易之理，是理有不穷之变，诚得其理，则变之不穷者，皆理之不易者也。理之所在，固不外乎人也。而人之生，亦岂能遽明此理而尽之哉？开辟以来，君臣之相与倡和弥缝，前后之相与缉理更续，其规恢缔建之广大深密，咨询计虑之委曲详备，证验之著，有足以析疑。更尝之多，有足以破陋。被之载籍，著为典训。则古制之所以存于后世者，岂徒为故实文具而已哉？以不易之理，御不穷之变，于是乎在矣。学之以入

官，操之以议事。政之不迷，固其所也。《象山全集》卷三十二拾遗学古入官议事以制政乃不迷

这是程子、象山统论复古学古的话。关于理学家主张复古的议论，自然很多，但有了上面所引各条，已可知道一个大概，其余从略。

第四目　齐家之道

本目所讨论的，是怎样才能使家庭和合，充满一团亲热和快乐的气象。但组织家庭的要素，是父子、夫妇、兄弟、主仆四种关系人物。所以现在就分这四点去叙述。

第一、父子间：子对父母要柔顺养志。父母对子要谨严训教。程子说：

> 斡母之蛊之道也。（《近思录》作不可贞）夫子之于母，当以柔巽辅导之，使得于义。不顺而致败蛊，则子之罪也。从容将顺，岂无道乎？以妇人言之，则阴柔可知。若伸己刚阳之道，遽然矫拂则伤恩，所害大矣！亦安能入乎？在乎屈己下意，巽顺将（将《近思录》作相）承，使之身正事治而已。《伊川易传》卷二上经蛊九二

> 以阳处刚而不中，刚之过也。然而在巽体，虽刚过而不为无顺，顺，事亲之本也。同上九三传

张子说：

> 舜之事亲有不悦者，为父顽母嚚，不近人情。若中人之性，其爱恶略无害理，姑必顺之。《近思录》卷六引《张子记说》

江永引叶氏语解释这句说：

> 事亲以顺为主，非甚不得已者，不可轻为矫拂也。《近思录》江永集注卷六注

> 勇于从而顺令者伯奇也。《张子全书》卷一西铭

象山说：

> 损先难而后易。人情逆之则难，顺之则易。凡损抑其过，必逆乎情，故先难。既损抑以归于善，则顺乎本心，故后易。……巽称而隐，巽顺于理，故动称宜，其所以称宜者，非有形迹可见，故隐。

> 巽以行权，巽顺于理，如权之于物，随轻重而应，则动静称宜，不以一定而悖理也。九卦之列，君子修身之要，其序如此，缺一不可，故详复赞之。以上均《象山全集》卷三十四严松年录

朱子说：

> 凡子受父母之命，必籍记而佩之，时省而速行之。事毕则返命焉。或所命有不可行者，则和色柔声，具是非利害而白之，待父母之许，然后改之，若不许，苟于事无大害者，亦当曲从。若以父母之命为非，而直行己志，虽所执皆是，犹为不顺之子，况未必是乎？

> 凡父母有过，下气怡色，柔声以谏，谏若不入，起敬起孝，悦则复谏。不悦，与其得罪于乡党邻间，宁熟谏。父母怒不悦，而挞之流血，不敢疾怨，起敬起孝。以上均《朱子家礼》通礼司马

氏居家杂仪

以上的话，可以证明子对父母要柔顺。

张子说：

> 亲之故旧所喜者，须极力招致，以悦其心。凡于父母宾客之奉，必极力营办，亦不计家之有无。然为养又须使不知其勉强劳苦，苟使见其为而不易，则亦不安矣。《近思录》卷六引《张子记说》

江永引叶氏的话解释这节说：

> 所谓养志者也。见《近思录》江永集注卷六注

朱子说：

> 凡子事父母，乐其心，不违其志。乐其耳目，安其寝处，以其饮食忠养之。幼事长，贱事贵，皆仿此。《朱子家礼》通礼司马氏居家杂仪

> 孝子之身存，则其事亲者，不违其志而已。西铭注见《张子全书》卷一

以上的话，可以证明子对父母要养志。程子说：

> 治家之道，以正身为本，故云反身之谓。《爻辞》谓治家当有威严，而夫子又复戒云："当先严其身也。"威严不先行于己，则人怨而不服。《伊川易传》卷三下经家人上九

> 先姚夫人姓侯氏。事舅姑以孝谨称。……先公凡有所怒，必为之宽解。唯诸儿有过则不掩也。常曰：子之所以不肖者，由母蔽其过，而父不知也。夫人男子六人，所存惟二，其慈爱可谓至矣。然于教之之道，不必假也。《伊川文集》卷八上谷郡君家传

以上的话，可以证明父对子要谨严训教。

第二、夫妇间：要贞静。程子说：

> 守其幽贞，未失夫妇常正之道。世人以媟狎为常，故以贞静为变常。不知乃常久之道也。《伊川易传》卷四下经归妹九二

叶氏解释这节说：

> 贞静乃相处可久之道，媟狎则玩侮乖离自生。见《近思录》江永集注卷六

第三、兄弟间：要相好不要相犹。这是说兄弟间彼此应尽自己的心向好的方面做。例如兄对弟好，弟自然要对兄好，就是兄对弟不好，弟也要拿好对兄，不要以为兄对弟坏也，学兄的样，拿坏去对付兄。所以张子说：

> 斯干诗言："兄及弟矣，式相好矣，无相犹矣。"言兄弟宜相好，不要相学，犹、似也。人情大抵患在施之不见报，则辍，故恩不能终。不要相学，已施之而已。《近思录》卷六引《张子诗说》

第四、对仆人要提掇更谨。所谓提掇更谨,就是莅之以庄,御之以道,令其自不敢惰慢,非徒尚威严的意思。张子说:

> 婢仆始至者,本怀勉勉敬心。若到所提掇更谨,则加谨。慢则弃其本心,便习以性成,故仕者入治朝则德日进,入乱朝则德日退。只观在上者,有可学无可学尔。《近思录》卷六引《张子语录》

上面四点,是就各有关系人物立论的。除此以外,还有两点是普通的。现在略述于后:

一、以孝弟为本。程子说:

> 问行状云:尽性至命,必本于孝弟,不识孝弟,何以能尽性至命也。曰:后人便将性命别作一般事说了。性命孝弟,只是一统底事。就孝弟中,便可尽性至命。《近思录》卷六引《二程遗书》语

象山说:

> 生于末世,故与学者言,费许多气力。盖为他有许多病痛。若在上世,只是与他说入则孝出则弟。初无许多事。《象山全集》卷三十四语录傅子云录

这点不单说明孝弟是齐家的道,并且说明孝弟是一切道德的基础,和有子所说的"孝弟也者,其为人之本欤"的意思差不多。所以这派人要特别的鼓励人家努力实行孝弟。

二、去私。程子说:

"问第五伦视其子之疾,与兄子之疾,不同,自谓之私,如何?曰:不待安寝,与不安寝,只不起与十起,便自私也。父子之爱本是公,才著些心做,便是私也。"

"又问视己子与兄子有间否?曰:圣人立法,曰,兄弟之子犹子也,是欲视之犹子也。"

"又问天性自有轻重,宜若有间然。曰:只为今人以私心看了。孔子曰:父子之道,天性也。此只就孝上说,故言父子天性。若君臣兄弟宾主朋友之类,亦岂不是天性。只为今人小看却,不推其本所由来故尔。己之子与兄之子,所争几何?是同出于父者也。只为兄弟异形,故以兄弟为手足。人多以异形故,亲己之子异于兄弟之子,甚不是也!"以上见《近思录》卷六引《程氏遗书》

第五目 处事之方

这一目的意义,本和前一纲出处进退辞受之义相似。但因本目所偏重的是方法,出处进退辞受之义一目所偏重的是修养,所以把它列在《存养》一纲内,而把这目列在《论政治》纲内。并且有些相同的地方,也不省略,不过引证简约一些。现在分条叙述于后:

第一、处事要诚。程子说:

夫钟,怒而击之则武,悲而击之则哀,诚意之感而入也。告于人亦如是,古人所以斋戒而告君也。臣前后两得进讲,未尝敢不宿斋预戒,潜思存诚,觊感动于上心。若使营营于职事,纷纷其思虑,待至上前,然后善其辞说,徒以颊舌感人,不亦浅乎?伊川先生上疏

观公之意,专以畏乱为主,颐欲公以爱民为先。力言百姓

饥且死。丐朝廷哀怜，因惧将为寇乱，可也。不惟告君之体当如是，事势亦宜尔。公方求财以活人：祈之以仁爱，则当轻财而重民；惧之以利害，则将恃财以自保。古之时，得丘民则得天下。后世以兵制民，以财聚众，聚财者能守，保民者为迂，惟当以诚意感动，觊其有不忍之心而已。伊川答人示奏藁

"明道为邑，及民之事，多众人所谓法所拘者，然为之未尝大戾于法，众亦不甚骇。谓之得伸其志则不可；求小补，则过今之为政者远矣。人虽异之，不至指为狂也。至谓之狂，则大骇矣。尽诚为之，不容而后去，又何嫌乎？"

"今之监司，多不与州县一体。监司专欲伺察，州县专欲掩蔽。不若推诚心，与之共治。有所不逮，可教者教之，可督者督之。至于不听，择其甚者去一二，使足以警众可也。"

"或问：簿，佐令者也。簿所欲为，令或不从，奈何？曰：当以诚意动之。今令与簿不和，只是争私意。令是邑之长，若能以事父兄之道事之，过则归己，善则唯恐不归于令，积此诚意，岂有不动得人。"

江永说：

按此条合之监司一条，上之使下，下之事上，皆以诚本。

以上均见《近思录》江永集注卷十本文及注

阳明说：

圣，诚而已矣！君子之学，以诚身。格物致知者，立诚之功也。譬之植焉，诚其根也。格致其培壅而灌溉之者也。后之言格致者，或异于是矣，不以植根而徒培壅焉，灌溉焉，敝精劳力而不知，其终何所成矣。《阳明全书》卷八文录五杂著书王天宇卷甲戌

第二、处事要中。周子说：

> 惟中也者，和也。中节也，天下之达道也，圣人之事也。故圣人之教，俾人自易其恶，自至其中而止矣。《周子全书》卷一通书师第七

程子说：

> "师之九二，为师之主。恃专则失为下之道，不专则无成功之理。故得中为吉。凡师之道，威和并至则吉也。"
> "随九五之象曰：孚于嘉吉，位正中也。传曰：随以得中为善。随之所防者过也。盖心所说随，则不知其过也。"以上《伊川易传》上经师九二随九五

张子说：

> 学者中道而立，则有位以弘之。无中道而弘则穷。大而失其居，失其居则无地以崇其德，与不及者同。《张子全书》卷二正蒙中正篇第八

阳明说：

> 中只是天理，只是易，随时变易，如何执得？《阳明全书》卷一传习录上答王嘉秀问

象山说：

知所可畏，而后能致力于中。知所可必，而后能收效于中。夫大中之道，固人君之所当执也。《象山全集》卷三十二拾遗人心惟危……

第三、处事要谋始。所谓谋始，就是对于事的开端要谨慎的意思。如果开端时能谨慎，那么于幾微之间，也能深察明白。这样做起事来，就不会生出多大的恶果。所以谨始研幾，是这派人所极力主张的。程子说：

君子观天水违行之象，知人情有争讼之道，故凡所作事，必谋其始。绝讼端于事之始，则讼无由生矣，谋始之义广矣。若慎交结，明契券之类是也。《近思录》卷十引《伊川易传》

张子说：

姤初六羸豕孚蹢躅，豕方羸时，力未能动，然至诚在蹢躅，得伸则伸矣。如李德裕处置阉官，徒知其帖息威伏，而忽于志不忘逞，照察少不至，则失其幾也。《近思录》卷十引《张子易说》
此颜子所以克己研幾，必欲用其极也。《张子全书》卷二正蒙中正篇第八

第四、处事要无意，所谓无意，就是处事任其自然，当为则为，不当为则不为，不可有意造作。

程子说：

"大抵六尺之躯，力量只如此，虽欲不满，不可得也。如邓艾位三公，年七十，处得甚好，及因下蜀有功，便动了。谢

安闻谢元破符坚，对客围棋，报至不喜。及归折履齿，强终不得也。更如人大醉后益恭谨者，只益恭谨，便是动了。虽与放肆不同，其为酒所动一也。又如贵公子，位益高，益卑谦，只卑谦，便是动了。虽与骄傲者不同，其为位所动一也。"

"人才有意于为公，便是私心。昔有人典选，其子弟系磨勘，皆不为理，此乃是私心。人多言古时用直，不避嫌得，后世用此不得。自是无人，岂是无时？"《近思录》卷十引《二程遗书》

江永解释这条说：

不为理磨勘者，避私嫌也。有意避嫌，虽公亦私。苟能以大人之心行之，当迁则迁，当黜则黜，何嫌之避？亦何时而不可行？见《近思录》江永集注卷十注

除了这四点以外，还有许多方法，但这几点，却比较重要，所以详述，其余从略。

结　论

　　关于本书应申述的话，在绪论里已说的很详尽，在这里本没有多大的话要说；不过有两点要说明的，就是：理学的思想，是一种无所不包无所不载的思想，上自宇宙万有的理，下至处事之方，千头万绪，无不应有尽有，但本书因篇幅有限，未能一一叙述，甚为憾事！惟是我们所用的编述的方法，比较合理，所以对于理学的面目，全部画出了一个轮廓，叫读者容易认识。此外理学实在是一种切实的学问，很有功于人生社会国家；不过因它过于广大深远，不是一般沉醉于物质的人，所能实行或者了解的，因此有许多人认它为一种虚空的学问。其实不是理学自身的虚空，而是人们不能遵照去做。譬如登高山一般，山何尝算高呢？天下最高的山，也有一个顶，不是绝对不可登的，但是人不肯举足，立在山下，举目仰望，就以为高，这到底是山高，还是人弱呢？我们觉得理学的好处，是真实适于理想完善的人生。理学家的长处，就是他们不单说理，而能脚踏实地去做；所以希望信仰理学的人，要真真实实学那理学家实行的精神！

研究问题

1. 太极与太和的异同。
2. 理气的异同及阴阳和宇宙的关系。
3. 心与性之关系及其作用。
4. 理学的鬼神论若何？
5. 人与物的同异。
6. 为学的目的及其意义若何？
7. 穷理与格物的意义及其方法。
8. 程朱和陆王的异点如何？
9. 修养的目的及其意义若何？
10. 修养的方法有几？试论其切于实用与否？
11. 改过迁善及克己复礼的意义若何？
12. 对于出处进退辞受应有什么态度。
13. 人的最初心理是怎样的？应用什么方法才能保持原有的心理状态？
14. 怎样补救病态的心理？
15. 理学的政治基础观念是怎样的？
16. 制度的原理是什么？
17. 齐家与处事的修养及其方法。
18. 对于理学的批评及本书的意见。

参考书

《周子全书》《皇极经世》《张子全书》《二程遗书》《二程外书》《二程粹言》《伊川经说》《伊川易传》《明道文集》《伊川文集》《朱子

文集大全类编》《朱子语类》《朱子家礼》《象山文集》《阳明全书》江永集注《近思录》《性理精义》《宋元明学案》《中国哲学史纲要》(中华出版)

中国近三百年哲学史

中国近三百年学术史

例　言

一、本书叙述清初以至现代哲学思想之变迁，故名中国近三百年哲学史。

一、本书著者在光华大学教授中国哲学史时，随讲随编而成。

一、本书取材极近，如梁启超、王国维之哲学思想，亦皆采入。

一、本书画分两大时期：一复演古代学术之时期；一吸收外来思想之时期；每时期又详列各派各家之学说。

一、本书成当仓卒，或不免有谬误之处；读者若加以指正，极所欢迎。

总 论

自清康熙初年（纪元一六六二）以迄于今三百年中间，学术思想之剧变，不亚于周秦诸子之时。明代中叶，阳明学派，风靡一世，及其末流，则徒骋游说，毫无实际；遂启反动之机。明清之交，遗民顾炎武黄宗羲等，提倡经世致用之实学，开有清一代之学风；顾氏尤为考证学之鼻祖。清代之考证学，推倒宋明之性理学而代兴，可以表现时代之特征。然于哲学上，则供献殊鲜。至于现代西洋思想，渐渐输入，而哲学思想，将来必放一异彩，可断言也。

综观近三百年之学术思想，可分两大时期：一复演古来学术；二为吸收外来思想。当宋明理学衰颓之时，有考证学派出，排斥宋学之空疏，自唐溯汉，提倡许郑之朴学。无论治经治史，以及诸子，皆重训诂，凭实证，用科学的精神，整理古籍，是即考证学之特长。清代自康雍以至乾隆时，考证学发展至极点，特尊之曰汉学，以示别于宋学。实则复演前代之学术，自宋以倒溯至东汉也。至乾嘉以后，考证之途已穷，学者无可致力。且域外交通大开，中外思想接触，觉我国所以贫弱，外国所以富强，必有重大之原因在。才智之士，对于政体与社会根本组织，均起怀疑；而以清廷禁纲尚严，不敢公然反对，乃为文艺复兴之运动；即道咸以后所产生之公羊学派是也。此派庄存与刘申受倡之于前，龚自珍魏源继之于后，而大振于康有为。实则推倒考证家东汉之古文学，而复演西汉之今文学也。至于今日，则学者对于周秦诸子之研究，极盛一时；凡关于诸子之整理解释，以及阐发其哲学思想之著作，日出不穷。此则由西汉而复演及于周秦也。且自殷墟龟甲文出土后，经罗振玉、王国维注释以来，考证学又一转而为考古学；发见古代社会，在殷朝尚是石器青铜器时代；而文字尚在创造之中。于是对于经典所称唐虞三代之文明，顿起怀疑。此考古学今日尚未大盛，发掘工作，尚未完成，将来于学术上必有一番大改革，可无疑义。此则自周秦以复演至于殷代也。此复演古来之学术，层层倒溯而上，颇为奇观；经一次复演，必有一次之创获，使后之学者，得所依据，其功不可没也。此外有颜元之实用派，直标周孔以自别于程朱；彭绍升、罗有高从王学入手，而归宿于佛门；皆有特异之色彩者也。至于吸收外来思想，其发端远在明末，徐光启与西洋教士，翻译天算水利诸书，是为外学输入之第一期。清康熙帝时，用西洋人利玛窦、汤若望等，改正历算，编《历象考成》、《仪象考成》等书，是为外学输入之第二期。同治年间，曾国藩办江南制造局，翻译制造、测量、格致、兵书，是为外学输入之第三期。此一二三期中，所注意者，类皆偏重物质科学，于思想上并无影响。迨至近世，严复译出《天演论》、《群学肄言》等书，始于国人思想上，发生大影响。同时王国维，介绍康德、叔本华、尼采之学说。至近十余年中外国哲学家，如杜威、罗素，亲到中国讲演，中外思想之接触，日近一日，必有结合之时期。证以我国历史之先例，如佛教在汉末输入中国，经过魏晋南北朝至唐代，而国人方能尽量吸收，自创天台、华严两宗；再至宋代，儒家方融合道佛为一炉，自成性理之学；凡千余年，而始将外来思想融合消化，以成为学派；则此后吸收西洋思想自成中国哲学，其为期固不在近也。

由上所说：则近三百年之哲学思想，固可分为两大时期，前期又可分为理学派，考证学派，公羊学派；后期则为介绍西洋思想派，今依次述之。

第一编　复演古来学术之时期

　　明末王学狂恣之流弊，学者虽厌恶之，然尚未有公然反对者，虽顾炎武为考证学之祖，亦不过提倡程朱以斥陆王而已。黄宗羲亦从王学入手，而创经世致用之学。至乾嘉间惠栋、戴震出世，考证学大成，方公然推倒宋学，揭橥汉学。可知在清初时理学派尚非全无势力也。理学派中，又可分为程朱学派、陆王学派、朱王折衷学派。

第一章　程朱学派

第一节　顾炎武

一　略传及著书

顾炎武字宁人，号亭林，昆山花浦村人。生于明神宗万历四十一年（纪元一六一三），殁于清康熙二十一年（纪元一六八二），年七十岁。性耿介绝俗，状貌英秀，事继母王氏甚孝。明亡时，清师下江南，炎武纠合同志，举义兵，不成，昆山城破。母年六十，谓炎武曰："我虽妇人，然义不可屈"；不食而卒。临终，以世食明禄，勿仕二姓，诫炎武。炎武奉遗教，终生不渝。周游天下，所至考其山川风俗，古今治乱之迹，自金石碑碣，以及地理经济之学，无所不通。出游时，后车满载书籍，作实地之参考。见闻既广，卓然自成一家，当代咸目为通儒。康熙十六年，始卜居陕之华阴。诸生有请讲学者，谢之曰："近日李二曲，亦以聚徒讲学得名，遂招逼迫，几至凶死；虽威武不屈，然名之累则已甚；况东林之覆辙，由此而进者耶。"康熙十七年，诏征博学鸿儒，诸公卿争欲罗致之。炎武乃豫使门人之在京者，辞之曰："刀绳具在，勿速我死。"炎武既负用世之才，未得一试；于是在雁门之北，五台山东，及长白山下，垦田牧畜，以实行其经济政策；垦熟之田，恒交其弟子管理之，故其财用常饶足云。

著书有《日知录》三十二卷；《补遗》四卷；《天下郡国利病书》百二十卷；《肇域记》一百卷；《音学五书》三十八卷；《五经异同》三卷；《左传杜解补正》三卷；《九经误字》一卷；《石经考》一卷；《金石文字记》六卷；《经世编》十二卷；《下学指南》六卷；《文集》六卷；《诗集》五卷；《历代帝王宅京记》十卷；《昌平山水记》二卷。此外小品著述尚多，大都收入《亭林遗书》。

二　学说

炎武博学多闻，考证精详，长于经济。抱用世之志，最忌空谈。有鉴于晚明王学，类于狂禅，故专奉著实周到之朱学，排斥陆王。尝曰："古今安得别有所谓理学，经学，即理学也。自有合经学以言理学者，而邪说以兴。"（全祖望《亭林先生神道碑》）此经学即理学之言，正是推翻宋明理学，而直进于六经根柢之标语。唐鉴有云："亭林之学，主明体达用，经世济人。以卓荦不群之才，抱俯仰无穷之志，足迹半天下，所交皆贤豪有道之士，而卒著书以老，使人追慕于简策之间而不能置。夫先生之为通儒，人人能言之；而不知先生之所以通，不在外而在内，不在制度典礼而在学问思辨也。是以平心察理，事事求实，凡所论述，权度惟精，往往折衷于朱子。"（《国朝学案小识》）观此，可知炎武之学养，虽不如宋明诸儒，专力于理气心性，然实阐明道之体用，究极于经世之术。其所著《日知录》，最足表显其学风；其求学之精神，为后来考证学之基础；故炎武可谓之程朱派之考证学者。

理气心性之学，自宋迄明，可谓登峰造极。阐发已无余蕴；清代儒者，苦无研究之余地。于是一转其方向，注意及考证学。故哲学思想，可以论述者，虽大家如炎武，亦不免有寂寥之感。然其实践方面，则各有一说。今举其为学之要旨如下：

> 曰博学于文，行己有耻；自一身以至天下国家，皆学之事；自子臣弟友以至出入、往来、辞受、取与之间，皆有耻之事。不耻恶衣恶食，而耻匹夫匹妇不被其泽。故曰：万物皆备于我，反身而诚。（《下学指南》）

此语虽甚简易，然为学经世之纲领，不出乎此。炎武不幸处明清革命之际，不得实施其抱负。然观其言行，真王佐之才也。其与友人论学一书，颇足见其主义之所在。今撮其要点如下：

> 《大学》言心不言性，《中庸》言性不言心。来教单提心字，而未竟其说，未敢漫然许可，以堕于谢上蔡、张横渠、陆象山三家之学。窃以为圣人之道，下学上达之方；其行在孝弟忠信；其职在洒扫应对进退；其文在《诗》、《书》、三《礼》、《周易》、《春秋》；其用之于身，在出处、辞受、取与；其施之于天下，在政令、教化、刑法；其所著之书，皆以拨乱反正移风易俗，以驯至乎治平之用；而无益者，一切不谈。（《与友人书》）

观此：则炎武之践履笃实，根本上极似程朱；而其专求实际，不落空谈，则又在程朱以外，自成一种朴学。无怪后来之考证学，推炎武为初祖也。

第二节 陆世仪

一 略传及著书

陆世仪,字道威,号桴亭,江苏太仓人。生于明万历三十九年(纪元一六一一)。长于陆陇其十九岁,与顾炎武、黄宗羲等相先后。当刘宗周在"蕺山书院"讲学时,世仪欲往听讲,未果,一生常引为遗恨。是时流贼横行天下,彼见生民之涂炭,上书朝廷,谓宜破成格"举用文武干略之士",不报。退而凿地十亩,筑亭其中,高卧闭门谢客,因号称桴亭。明亡后,曾在东林讲学;已而复讲学于毗陵。及归太仓,亦讲学不辍。清朝屡欲起用之,固辞不出。专修"程朱学",终身从事著述,与陆陇其及张杨园等齐名,海内仰为真儒。康熙十一年,六十二岁卒(纪元一六七二)。

著有《思辨录》二十二卷,《后集》十三卷,此书前后经十二年之研究而成,故其思想尽在于中。此外有《论学酬答》四卷,《儒宗理要》六十卷,《性善图说》一卷,据其《传》,则未刊者尚有数种。《四库全书提要》评之曰,"世仪之学,以敦守礼法为主,不虚谈诚敬之旨;以施行实政为主,不空为心性之功;于近世讲学诸家,最为笃实,其言皆深切著明",盖确评也。

二 学说

陆氏为学之特色,是能体得程朱著实之旨,不作虚空之谈。尝谓:"天下无讲学之人,此世道之衰也;天下皆讲学之人,亦世道之衰也";又曰:"今之所当学者,正不止六艺;天文、地理、河渠、兵法之类,皆切世用,不可不讲。俗儒不知内圣外王之学,徒高谈性命,无补于世;迂拙之消,所以来也。"(《思辨录》卷一)彼讥贬俗儒空迂之外,又举为学五弊曰："谈经书而流于传注者；尚经济而趋于权谲者；务古学而为奇博无实者；看史学而入于泛滥者；攻文辞而溺于词藻者；是皆不知大道之故也。不知大道，则胸无主宰，心绪常差错，而不得步于正道。"（《思辨录》）至于何者为大道？则是周公孔子之道，亦即天地自然之道，学者即学此道也。一部《中庸》，只说一个道字；一部《大学》，只说一个学字；原于天者谓之"道"，修于人者谓之"学"，贯天人而一之者，谓之"道学"。是故"道生天地，天地生人；无此道，则天地且不成天地，人又何能念及之！故宏道之君子，不可不竭力从事于道与学。此道在天地之间，本不可见，学道之人，则能见之。'鸢飞戾天，鱼跃于渊'，谓其能深察上下，遍满空中，无不是道"。（同上）意谓人物之生，本自天人合一而来，能参赞天地之化育，全受全归者，则为圣人。穷其道欲近于圣人者，则为学道之人。其解学道如是；桴亭之道，是儒家之正脉也。至谓圣人是禀天地之正气以生，此是继承程朱之性说。

要之陆氏以为道外无学，道学外无圣人，而圣人即为天地合一者，道之具象化者。故立志读圣贤之书，即为学者；立志行圣贤之事，即为学问。彼以《大学》、《中庸》为学者入门之书，道学之所寄托者。学之基础，当植于是。而其中居敬，格致，诚，正，修，齐，治，平，即为为学之过程，为国家造就有用之人才，即出于此。其注重实学之一点，所以在清代程朱学派中，为出人头地之学者也。且其言曰：

> 近世之讲学，多似晋人之清谈，清谈甚有害于事。孔门无不就一语之实处教人。孔子曰："君子欲讷于言，而敏于行"；又曰："敏于事而慎于言"；又曰："君子先行其言，而后从之"；又曰："君子耻其言而过其行"；俱是恐入之言过其实也。正（正德武宗年号）嘉（嘉靖世宗年号）之间，道学盛行；至隆（隆庆穆宗年号）万（万历神宗年号）而益盛，一日而天下靡然从风，惟以口舌相尚，意思索然尽矣。

陆氏于道学之根本论，则始终主张"居敬穷理"四字。以为是学圣人之第一工夫，"彻上彻下，彻首彻尾，只此四字"。又谓"居敬是主宰处，穷理是进步处，程子亦曰：涵养须用敬，进学则在于致知"。(《思辨录》卷二) 此点与程朱殆无出入。

陆氏为学，虽无创说，然以"道生天地，天地生人，人配天地，故能尽道"四句，为周子"《太极图说》"之旨义；其《理气妙合论》，则又打破罗整庵之"道一元说"，究明理气之属性；皆堪注目。盖彼先从太极入手，以太极二字，原本《系辞》，不过祖述孔子之旧；至于主静以立人极之见解，则为周子所独创；《太极图说》全篇之主意，当在此一点。故读此书，但论太极，不察人极，则周子之意旨，当全失却。故云："不知太极，则无天地；不知人极，则无人；此之谓不诚无物。"(《思辨录》卷四) 其合太极人极为一，而谓二者不可相离，与《中庸》"道也者不可须臾离也，可离非道也"之言，同其旨。离了天道则无人道，离了人道则无天道。盖用浑然一体之理，以观察《太极图说》，而为此说者也。在此点盖受刘念台之"人极图说"及"动静说"有几分之影响。而以主静二字，立人极之本；以中正仁义，为主静之实落处；凡此总称为圣人之尽性工夫。

> 中正仁义而主静者，周子立言，甚周匝也。然主静下，又自注曰无欲故静；无欲，无人欲也；无人欲，则纯乎天理矣。是周子以天理为静，以引欲为动；主静者，主乎天理也；主乎天理，则静固静，动亦静矣，岂有偏静之弊哉！(同上)

此中正仁义，即是圣人之道；中正仁义之外，别无所谓主静。离中正仁义而言主静，则非主静。与五行之外，别无阴阳；五行即阴阳，阴阳即太极之理相同。

彼于理气说中，又认理气二者，为不可分。此说先儒皆未论及；只有朱子说过"必先有是理，而后有是气；既有是气，则是理也"。又论万物之一原，则谓"理同而气异"；论万物之异体，则谓"气犹相似理绝不同"；此四语实具卓识。凡论理气之学者，皆当引为标的。故云："学者宜取此四言参伍错综，寻求玩味，胸中贯串通彻，务使无一毫疑惑而后可。如是则于天地万物性命之理，当自能了然而无间。"又对于罗整庵"周子无极之真，二五之精，妙合而凝"三语，以"为凡物必两而后可合，太极阴阳，果为二物，则方其未合之先，各安在耶？"之疑问，论述之如次：

> 整庵言理气，亦固陋也；夫气即是理；以为气中则有理而非气，是即理也；既非气则是理，则安得不为二物？（《思辨录》卷二）

又曰：

> 整庵以为气集便是集之理之谓；气散便是散之理之谓；惟其有集有散，是乃所谓理也。是则就集散上观理，而不知所以为集散之理也。宜其于程朱之言；多有所未合。（《后集》卷二）

彼认整庵之理气；堕于形器之中，而未能体得浑然融合（理气之一元）体现天地之妙用之理。盖周子哲学，决非二元论；整庵不达此旨，宜乎怀疑不决也。

其次是彼之性说，以为性即是气质；本然之性，不可称为性。后来儒者，率以孟子之性善说为本，以为本然之性，浑然至善，纯粹未发，此言决不得当。所谓性者，不是此种本然之性；孟子之性善，亦不是此种意思；孟子是就天命上说，是说命善，不是说性善。天命之初，吾人尚未落于气质，故此说可以成立。厥后朱子欲发见至善之根据，亦言性善；但朱子于"继之者善也，成之者性也"之分别，初不甚了了。又伊川朱子论性时，皆曾分性为本然气质二者，而以为前者即孟子之性善，后儒亦附和此说。然孟子之言性善，乃《中庸》"天命之谓性"之类。只就天命上说，未落于气质。然孟子又有"人无有不善"之言，是就人生以后看，即下愚浊恶，无有不性善者。盖孟子论善，只就四端发见处言，因其称端，即知有仁义礼智；人人有四端，即人人有性善也。此是说人人有为善之资质。有为善之可能性耳；决不必说到人性浑然至善，未尝有恶，然后谓之性善，以释氏所谓真性者当之。要之性字，必落于后天之气质，而始有性可称。如周子之说为最妥。其言云：

> 惟人也得其秀而最灵，形既生矣，神发知矣；曰：形生质也；神发气也；形生神发，而五性具足。是有气质而后有性也。不落气质，不可谓之性；一言性便有气质。（《思辨录辑要后集》卷四）

此论颇有根据，就《易》一阴一阳章而区别之，则自来所传孟子之性善说乃就天命之初"继之者善"之处立论，未尝说到"成之者性"。而陆氏则谓在"成之者性"以前，不得著性字；既说成之者性，便属气质矣。

彼又赞周子曰：

> 诸儒中论性，莫如周子最明白，最纯备，《通书》首章曰：诚者，圣人之本，大哉乾元，万物资始，诚之源也。乾道变化，各正性命，诚斯立焉；纯粹至善者也。故曰：一阴一阳之谓道，继之者善也，成之者性也；元亨诚之通，利贞诚之复，大哉《易》也，性命之源乎！只就元亨利贞上，看出继善成性处，

不过一诚字,则实理也,能全此实理者惟圣人;故曰诚者圣人之本。(同上)

陆氏以为惟气质方可称为性;若善恶之分歧点,则在于诚德之成就如何而见之。故又说惟周子"性者刚柔善恶中而已矣"一句中之"而已矣"三字,最为竭尽无余之辞。从来论性之人,无有比此语更简而得要者。而后来儒者罕称之,盖皆以此言为专论气质,而不知气质之外,初无所谓性也。程张朱诸子之论性,千言万语,其实不能及此。陆氏如此断定,用气质一元论,充足周子之说;又用作自己之性说。彼固理气一元论者,于性说以一元始终之,可谓彻底之学说。

第三节 陆陇其

一 略传及著书

陆陇其,字稼书,浙江平湖人,生于明崇祯三年(纪元一六三〇)。唐名相陆贽之后也。康熙九年,进士及第,年四十一,授江苏嘉定县令,专以德化人——治行称天下第一。后为直隶灵寿县令,与诸生讲论,著《松阳讲义》十二卷。为说百八十章,随时举示,非逐节讲解。时黄宗羲之学,盛行于西方;陇其不以为然,再三致意此编,以启导后学。在任八年,民风士习,皆大改善。后征入京,补四川道监察御史;在职一年,知无不言;以争纳捐事,触政府忌,引疾归。未几,致仕,屏居于华亭之泖口,大振风教,益以明道觉世为己任。偶犯病,遂不起,年六十三(康熙三十一年)(纪元一六九二)。圣祖深悼惜之,曰:"本朝如此之人,更不多得。"陆氏资性笃厚,有古人风,言清行超,人格高尚,故到处能改进风教。乾隆二年,赐谥清献。时人称为"当湖先生","三鱼堂",即其书斋名。著有《三鱼堂集》十二卷,《外集》六卷,《滕言》十二卷，以上收于全集中。此外《松阳讲义》十二卷，《四书讲义困勉录正续》三十七卷，《问学录》四卷，《读朱随笔》四卷，《读礼志疑》六卷，均为重要之作。

二　学说

清初之诸名家，卒皆指摘"王学"末流之弊，以图刷新。然于程朱陆王，则又取兼摄主义。至稼书方粹然宗朱子弃余家，以明圣学根原振兴教化为事。其《学术辨》三篇；是为破阳明明程朱之道而作。谓世之儒者无操守，信源流不清之"王学"，以为与圣教大同小异。此种现象，若放任之，将真伪杂糅；圣教且不能维持。抑学问中本有"立教之弊"及"末学之弊"二种；源清流浊，末学之弊也。源浊流又浊者，立教之弊也。学程朱而滞于偏执，是末学之弊；若夫阳明之教，则其源已浊，徒咎末辈，复有何益？于是一转而辟王学之内容；盖阳明以禅之实而托于儒，其流害固不可胜言矣。吾人止一究其与禅相表里之处，则其心性之辨，一切自明。夫人之生也，气集成形；气之精英，集而成心；所以心是神明不测，变化无方；而具于是此气之中之理，即性也。故程子曰："性者即理也"；邵子曰："心者，性之郭郭也"；朱子曰："灵所是心不是性"；是皆说心也者，性之所寓而非性也。性也者，寓于心而非即心也。但禅家则不然，以知觉为性，而以知觉之发动者为心。故彼所谓性，即吾儒之心；彼所谓心，即吾儒之意志。是故灭彝伦离仁义，诡怪张皇，自放于准绳之外，而不知此即是性，而误解之为心。以为知觉所生一切人伦庶物之理，皆因"我"为障累而然。至欲取此一切，尽举而弃之。而阳明毫不加察，采其学说，谓性无善无恶，盖指知觉为性而言；而言良知，言天理，言至善，莫非指性而言。阳明之言曰："释氏本来面目，即吾人所谓良知"；又云："良知又即是天理"；又云："无善无恶，乃所谓至善"；其为说纵横变幻，不可究诘，而其大旨亦可睹矣。充其说则人伦庶物，于我何有，特以束缚于圣人之教，不敢肆然决裂也。彼又为之说云："良知苟存，自能酬酢万变，非若禅家之遗弃事物也。其为说则然。然学者苟无格物穷理之功，而欲持此心之知觉以自试于万变，其所见为是者果是，而所见为非者果非乎？又况其心，本以为人伦庶物，初无与于我，不得已而应之；以不得已而应之心，而处夫未尝穷究之事，其不至于颠倒错谬者几希。其倡之者，虽不敢自居于禅，阴合而阳离；其继起者，则直以禅自任，不复有所忌惮；此阳明之学，所以为祸于天下也。"（全集卷二《学术辨中》）

陆氏既推倒阳明，于是尽力研究程朱学而拥护之。且宣传程朱。以为此二人，是维持风教之伟人。确为圣门正学。朱子之穷理主敬。即孔子之多学而下问，故学问之要，必穷理与主敬，二面兼施；穷理而能居敬，方不流于玩物丧志；居敬而能穷理，方不堕于猖狂恣睢。是则程朱之问学工夫，要为最妥当者也。

陆氏于学理方面，更有太极理气二论，虽本于周朱二子之《太极图说》；但其精密处，更有可观。

> 夫太极者，万物之总名也。在天则为命，在人则为性；在天则为元亨利贞，在人则为仁义礼智；以其有条而不紊，则谓之理，以其为人所共由，则谓之道；以其不偏不倚，无过不及，则谓之中；以其真实无妄，则谓之诚；以其纯粹而精，则谓之至善；以其至极而无以加，则谓之太极；名异而实同也。学者诚有志乎太极，惟于日用之间，时时存养，时时省察，不使一念之越乎理，不使一事之悖乎理，不使一言一动之逾乎理，斯太极存焉矣。（全集卷一）

"太极说"自周子，至于朱子，已臻精密；陆氏更取此理由具体的说明之，其中虽乏创见，然在太极思想之发展上，可供参考。至其理气说：则谓"明万殊之理气不难，而明一本之理气则难；一本之在人心易见，一本之在天地难知"。又以朱子之"理不离气，气不离理"，为"其分合不可疑也"；且谓"须先说有此理，则其先后无可疑；惟有此理，则理必有所会归，有此气，则气必有所统摄，天下未有无本而能变化无方者，未有无本而能流行不竭者；而理气之本，果安在耶？今夫盈于吾身之内者，皆气也；而运于其气之内者，理也"。（全集卷一《理气论》）其意谓理气之根源是一本，而其本则在于心；"心者，气之精英所集，而万理之原也"。故谓造物之理气，为散漫无所主宰，即是妄言；主宰之所在，即一本之所在。若夫为主宰者，则无思虑，无营为，能使百物自生，四时自序。理与气要为不可分，一而二，二而一，不离又不杂。朱子所谓"无无气之理，无无理之气"之言，最为的当。此即陆氏所主张。

陆氏为人为学，皆真实而稳健。其所言皆得程朱之粹；且充足朱说，以辟异归正，为自己之天职，终身不渝。守护一贯之程朱学施用于实地，且收极大之效果。

第二章　陆王学派

第一节　黄宗羲

一　略传及著书

　　长于顾炎武者四年，且后死于顾炎武者十四年，树立清初一大学统之人，即是黄宗羲。其学派不如顾炎武之扩大，然其所著《明儒学案》，当为"中国学术史"最初之作，其史学造诣之深，当与王船山相伯仲。其《易学象数论》六卷，与胡渭之《易图明辨》，互有发明，辨河洛方位图之非，颇多创说。而其《律吕新义》二卷，特开乐律研究之端绪。天算学为梅文鼎天算学之先导。其明敏之头脑，不逊于顾子。

　　宗羲字太冲，梨州及南雷，皆其号，越之余姚人，生于明神宗万历三十七年（纪元一六〇九）。父忠端公尊素，乃明室忠臣，为宦者魏忠贤所害，死于狱。梨州怀铁椎，欲报父仇，值逆阉已死，因手刺杀其父之狱卒，上书请诛逆臣，其气概凛烈如此。父遗命就学于刘蕺山，因奋起以扫越中之野狐学为能事。又体父"学者不可不通晓史事"之遗训，从有明《十三朝实录》起；上至《二十一史》，无所不研，更欲攻究九流百家之蕴奥，发家中藏书遍读之；不足，则出外游历，以补其缺，其博学勉励又如此。二弟宗炎、宗会亦有才学，彼教之使同成名。国亡时纠合志士御清兵，出入危难，九死一生。后奉母归里门，专心著述，教授子弟。康熙十七年，诏征为博学鸿儒，以年老固辞不出。圣祖乃命巡抚抄其所著关于史事者，送至京师，而召其养子百家，高弟万斯同使参订之。八十三岁，尚读书不废，常至午夜。康熙三十四年，以八十六岁之高龄殁。所著如上记诸书外，尚有《明儒学案》六十卷，全氏补足《宋元学案》百卷，《南雷集》二十卷，《文定》、《文约》合四十卷，《明文海》四百八十二卷，《明史案》二百四十四卷，及其他数十种。

二　学说

宗羲是刘念台之高弟，念台以慎独二字为学的，梨洲亦修慎独之阳明学者。但其该博之知识，固不以"阳明学"自封。所著《明儒学案》一书，虽有人谓彼为护"阳明学"而作；但其史笔，决不偏于一方，长其所长，短其所短，客观态度，溢于全书。惟不慊于晚明"阳明学者"之流于口头禅，尤于越中周海门以后，学弊之深，多所不满，欲一洗此风，而复于阳明当年。故曰："明人讲学，语录之糟粕耳；不以六经为根柢，束书不读，而从事于游谈。学者当先穷经，然拘执经术，不足以经世，欲免为迂儒，必兼读史。"又曰："读书不多，则无以证理之变化，读书多而不求诸心，则又为俗学。"（《清史·黄宗羲传》）观其言，明明是不埋头于心即理说，而表示其兼取朱王之态度。故受其教者，不蹈讲学之流弊，亦不为障雾之妄言。万氏兄弟大史家，全氏祖望，质实之学者，皆出其门。其刚毅之风，足以破当时雷同附和于"心万殊说"之小儒。故曰：

盈天地，皆心也；变化不测，不能不万殊；心无本体，工夫所至，即其本体。故穷理者，穷此心之万殊，非穷万物之万殊也。是以古之君子，宁凿五丁之间道，而不假邯郸之野马，故其途亦不得不殊。奈何今之君子，必欲出于一途，使美厥灵根者，化为焦芽绝港。夫先儒之语录，人人不同，只是印我之心体，变动不居；若执定成局，终是受用不得。此无他，修德而后可讲学；今讲学而不修德，又何怪其举一而废百乎！（《明儒学案序》）

此痛切之言，学者当正襟领受者。盖举万物之万殊，归于一心，以心理之阐明及修德之工夫为先，而以讲学为后。此言虽为陆王之言，然以心为万殊，而欲实现自己之心之处乃属于伦理上之自我实现说，不外发挥自己之人格及自己之个性也。

三　政治哲学

清初学者，人人不慊于明学之空疏，而以提倡经世致用为主旨。宗羲尤因精研史学，熟于古今治乱兴亡之事迹，议论尤有根柢。不落于抽象之说，而独标具体的实际的论旨，使人读之，感一种痛快之趣味。所著《明夷待访录》，正如今世所谓"政治哲学"，以民利民福为主眼，以民本主义为政治之本质。其意君主本为人民而设，即上世之酋长，此酋长；而有蔑视民意，自图私利之行为，则非君主而为独夫；如此其君主之资格自当剥失，汤之放桀，武王之伐纣，其目的在为民，自是事理上当然之行动。盖以亿兆人之心为心，方可称为圣人，称为君主。是故伊古以来，因为君主之责任重大，而不欲自劳其身心者，有许由、务光。虽为君主，而让位于人者，有尧舜；初不欲为，而卒不得已而为之者，有大禹；可见三代以上之帝皇，皆不得已而为之。三代以后，则以天下为一姓之私产，视万民为己之意臣妾，视土地为己之产业，立法之精神，全变为私法，绝无公法之内容。盖三代之时法尚存在，三代以后则法意全非矣。黄氏盖以孟子之王道，为政治本体；从社会学上之见地，应用史实，而与孟子王道以学理上之根据，树立其民本政治之哲学。彼以此理论为基础，而涉及一切之政治问题，如云以人民为主，则政治难行，当选举一人，依赖以行。此其见解，虽与现代民本主义，尚有消极积极之差。然于大体是以人民本位为主眼与民主政治相似。近代初革命时，为鼓吹民本共和之精神起见，一般志士，曾密印此书数十万部，颁布全国，且大收其效果。（梁启超《清代学术概论》）《明夷待访录·原君篇》曰：

> 有生之初，人各自私也，人各自利也，天下有公利而莫或兴之，有公害而莫或除之。有人者出，不以一己之利为利，而使天下受其利；不以一己之害为害，而使天下释其害，此其人之勤劳，必千万于天下之人；夫以千万倍之勤劳，而己又不享其利，必非天下之人情所欲居也。故古之人君，量而不欲入者，许由、务光是也；入而又去之者，尧舜是也；初不欲入而不得去者，禹是也；岂古之人有所异哉！好逸恶劳，亦犹夫人之情也。后之为人君者不然，以为天下利害之权，皆出于我，我以天下之利，尽归于己，以天下之害，尽归于人，亦无不可。使天下之人，不敢自私，不敢自利，以我之大私，为天下之大公，始而惭焉，久则安焉，视天下为莫大之产业，传之子孙，享受无穷。汉高帝所谓某业所就，孰与仲多者，其逐利之情，不觉溢之于辞矣。此无他，古者以天下为主，君为客，凡君之所毕世而经营者，为天下也。今也不然，以君为主，天下为客，凡天下之无地而得安宁者，为君也。是以其未得之也，屠毒天下之肝脑，离散天下之子女，以博我一人之产业，曾不惨然！曰：我固为子孙创业也。其既得之也，敲剥天下之骨髓，离散天下之子女，以奉我一人之淫乐，视为当然，曰：此我产业之花息

也。然则为天下之大害者，君而已矣。向使无君，人各得自私也，人各得自利也。呜呼！岂设君之道，固如是乎！古者天下之人，爱戴其君，比之如父，拟之如天，诚不为过也。今也天下之人，怨恶其君，视之如寇雠，名之为独夫，固其所也。而小儒规规焉以君臣之义，无所逃于天地之间，至桀纣之暴，犹谓汤武不当诛之；而妄传伯夷、叔齐无稽之事。使兆人万姓崩溃之血肉，曾不异夫腐鼠，岂天地之大，于兆人万姓之中，独私其一人一姓乎？是故武王圣人也，孟子之言，圣人之言也。后世之君，欲以如父如天之空名，禁人之窥伺者，皆不便于其言；至废孟子而不立，非导源于小儒乎？虽然，使后之为君者，果能保此产业，传之无穷，亦无怪乎其私之也；既以产业视之，人之欲得产业，谁不如我，密缄縢，固扃鐍，一人之智力，不能胜天下，欲得之者之众，远者数世，近者及身，其血肉之崩溃，在其子孙矣！昔人愿世世无生帝王家，而毅宗之语公主亦曰：若何生我家？痛哉斯言！回思创业时，其欲得天下之心，有不废然摧沮者乎？是故明乎为君之职分，则唐虞之世，人人能让，许由、务光非绝尘也。不明乎为君之职分，则市井之间，人人可欲，许由、务光所以旷后世而不闻也。然君之职分难明，以俄顷淫乐，不易无穷之悲，虽愚者亦明之矣！

以上取三代圣王为君之动机，与后世为君之动机，对照比论，痛斥后世之为私利。更进而断言其制定法律无何等之权威如下：

三代以上有法，三代以下无法。何以言之？二帝三王，知天下之不可无养也，为之授田以耕之；知天下之不可无衣也，为之授地以桑麻之；知天下之不可无教也，为之学校以兴之；为之婚姻之礼，以防其淫；为之卒乘之赋，以防其乱；此三代以上之法也。固未尝为一己而立也。后之人主，既得天下，惟恐其祚命之不长也，子孙之不能保有也。思患于未然，以为之法。然则其所谓法者，一家之法，而非天下之法也。……夫非法之法，前王不胜其利欲之私以创之，后王或不胜其利欲之私以坏之。坏之者，固足以害天下；其创之者，亦未始非害天下者也。乃必欲周旋于此胶彼漆之中，以博宪章之余名，此俗儒之剿说也。即论者谓天下之治乱，不系于法之存亡。夫古今之变，至秦而一尽，至元而又一尽，经此二尽之后，古圣王之所恻隐爱人而经营者，荡然无具。苟非为之远思深览，一一通变，以复井田、封建、学校、卒乘之旧，虽小小更革，生民之戚戚，终无已时也。即论者谓有治人无治法，吾以为有治法而后有治人。（下略《原法》篇）

彼之政治理想，全在三代之民本精神，故以孟子之王道为根据，专以民利为主眼，而树立其政策。

四　结论

宗羲大才，于经学、史学、天算、乐律，无所不通。为国仇亲恨，屡罹危险，又是极富情感之人。国亡后，养母教弟，亦孝友可风。且亡国之痛，终身不忘，以所著《明夷待访录》，传其心事。此书晚清时，忽与"公羊学派"诸子之思想，无端相合。引起"革命"、"排满"之大风潮，虽曰时运使然，宗羲一人正气之感召，关系实重大也。

第三章 朱王折衷派

第一节 孙夏峰

一 略传及著书

凡是两学派互相对立，必有第三之折衷派，出而调和之。清初宋明理学，既已衰颓，王学末流，尤为学者所弃。顾炎武以笃实之程朱学，矫正王学；黄宗羲则提倡真正之王学，排斥末流之狂禅。然顾黄二人，虽于理学有渊源，实不以理学名，而为清代朴学开宗之巨儒。若夫专以理学著称者，程朱派有二陆，王学则无其人，折衷于朱王二派者，前有孙奇逢、李颙，后有曾国藩。诸人皆有气节，人格为一世仪表，天下士风，为之敦厚，称为命世大儒，亦不为过。著作虽缺少新说，然句句精纯，俱是人格之表现。

孙奇逢，字启泰，号夏峰，又号钟元，直隶容城人。生于明神宗万历十二年（纪元一五八四），殁于清圣祖康熙十四年（纪元一六七五），年九十二岁。其一生活动，属于明朝之时多；故黄宗羲收之于《明儒学案》中。但其教化，则多传于清初学子，故普通又多叙于《清史》中。

奇逢事父母至孝，有气节。崇祯九年，流贼围容城，自示方略，与士民协力，卒将贼击退。清圣祖闻其贤名，屡征之，不应，天下称为孙徵君。后移家于卫之共城；辟兼山堂，讲《易》其间；率子孙躬耕，箪瓢屡空，晏然自若。晚年，讲学于夏峰，学者宗之。尝言曰："七十岁的工夫，较六十岁密；八十岁的工夫，较七十岁密；九十岁的工夫，较八十岁密"云；可见其涵养之深，与体道之精也。著有《理学宗传》二十六卷，《四书近指》二十卷，《理学传心纂要》八卷，《读易大旨》五卷，《夏峰先生集》六十卷。其中《宗传》一书，是汉代以来，哲学家之学案，为彼最用心之著作，但材料之充实，究不如黄宗羲。

二 学说

奇逢之特长，在兼取诸家而不偏于一派之学。《理学宗传》一书，即是本此意旨而作。书中自汉朝董仲舒起，至明末止，所有学者之传记，都搜辑之。宋代举周、邵、二程、朱、陆六家，明代则举敬轩、阳明、念庵、宪成四家为正宗；如慈湖、龙溪出入老佛，则附之于后，以明儒家正统。然别无门户偏见，故其门人汤潜庵说："先生真能见道之大原，无建安，无青田，惟以庸德庸言，直证天命原初之体，可谓千圣同堂，与造化游者也。"（《徵君孙钟元墓志铭》）至其学问之要，则在于体认天理。尝曰："圣贤为天地而立心，为生民而立命，其心及今，尚为存在。"且解其理曰："人者，天地之心也；人失其为人，天地何以清宁。故为天地立心，生民立命者，圣贤之事也。明王不作，圣人已远，尧舜孔子之心，至今在此；非人也，天也。"（《语录》）意谓天地之心，虽即人心，然为人之师表，立心命之义者，乃为圣人之事，此与"我心即圣贤之心"之说，似稍不同；而于程朱"圣人体仁以为天下之仪表，故当以圣贤遗意为标的，穷理以进"之意，则颇相似。奇逢之意，盖介于朱陆二子之间，试其调和折衷者也。彼谓"浑沌之初，一气而已，其主宰处为理，其运旋处为气。指而为二，不可也；浑而为一，亦不可也"。又谓

"成缺在事不在心,荣辱在心不在事"。俱是折衷之意,欲合"实在论"、"唯心论"二者为一。世惟折衷者少创造,其功盖全在于传道也。

第二节 李 颙

一 略传及著书

李颙,字中孚,号二曲,西安盩厔人。生明天启六年(一六二七),卒清康熙四十四年(一七〇五),其父可从,慷慨有志略,善谈兵,且以勇力著于乡。从汪乔年军讨贼,崇祯十五年,与五千壮士,共战死于襄阳城下,以殉国难。其时颙年仅十五岁也。(《李二曲全集》二十五卷《家乘》)家贫不能入塾,有人劝其母,送入县署为衙役,母不肯,教之习字,然具天禀异材,稍长,学即大进,家无藏书,借于亲友,自经史子集以及老佛之书,无不遍读。既而弃去,从事静坐观心,大有所得。顾炎武谓坚苦力学,无师而成,吾不如李中孚,盖的评也。康熙四年,遭母丧。丧终,往襄阳凭吊乃父战死之地。既而南下,入道南书院,发顾宪成、高攀龙诸子之遗书,为东林学徒讲学,听者云集。继又于无锡、江阴、靖江、武进、宜兴等地讲学。康熙初,陕抚以"山林隐逸"上疏荐之。特诏征召,力辞而免。至十七年征"博学鸿儒",诸人交荐,地方官强迫起行,颙绝粒六日,最后拟拔刀自刎,其议始止。彼觉虚名为累,遂闭户不复接人。惟有顾炎武来访,曾一度款待外,虽子弟亦不见面。后圣祖西巡,使陕督传旨,必欲召见之;以废疾坚辞,幸而获免。特赐"关中大儒"四字以尊重之。

当时南有黄宗羲,北有孙奇逢,西有李颙,世称三大儒。颙为学极博,无所不通,而著述则非其所志。尝言曰:"著述一事,大抵古圣贤不得已而后作,非以立名也。故一言之出,炳若日星;万世之下,饮食之而不尽。其次虽有编纂,亦非必夸诩于时人;或只以自怡;或藏诸名山，至其德成之后而后发；或既死之日，举世思其余风，想其为人，或访诸其子孙，或求诸其门人，欲以得其平生一言为法训。此时也，是惟不出，一出即使洛阳纸贵。"（《全集》十六《与友人》）真是有道者之言。著有《全集》二十六卷（《四书反身录》八卷，亦收在内）及《十三经纠谬》、《二十一史纠谬》等；其中《反身录》，为彼精力集中之作。

二　学说

李氏思想，亦如奇逢，取陆王程朱之长，不偏于一面。但倾向则趋于陆王。唐鉴《清儒学案小识》中，虽曾谓《二曲》"笃守程朱"，然清初一般学者，率以陆王为根柢，而又赞美朱子之好学，似此两派折衷，故任从何方面解释，均可成立。且清代无论"考证派"、"理学派"俱不树党派，争出入，大都欲兼取他人之长，自己更立高处，想成一家。颙即其代表，尝因门人问"朱陆异同"？答曰："陆之教人，一洗支离锢蔽之陋，在儒教中最为儆切；使人言下爽畅醒豁，以自有所得。朱之教人也，循循有序，恪守洙泗家法，中正平实，极便初学。要之二先生，均于世教人心有大功，不可轻为低昂也。中于先入之言，抑彼取此，亦未可谓为善学也。"（《全集》卷四《靖江要注》）正是其不偏不倚，而又能自立之处。又曰："孔子以博文约礼之训，上接虞廷精一之传；千岁之下，渊源相承，确守不变。惟朱子为得其宗。生平自励励人，一以居敬穷理为主。穷理即孔门之博文，居敬即孔门之约礼，内外本末，一齐俱到，此正学也。故尊朱即所以尊孔也。然今人亦知辟象山，尊朱子，及考其所谓尊，则不过训诂文义而已；至于朱子内外本末之兼诣，主敬提躬实修之旨，则缺如，吾不知其如何也。况下学循序之功，象山虽疏于朱子，然其为学也，先立其大者，峻义利之防，亦自不可得而掩之也。今日尊朱者，能如是乎？不能如是，而徒以区区语言文字之末，辟陆尊朱，则多见其不知量也。"（《全集》十五《富平问答》）此明说朱子之为学工夫实，陆子之直觉力量伟，朱子稍疏于心，象山则长于此。是故穷理而不居敬，则为俗学；居敬而不穷理，则为空疏无用之学，不能经世宰物，是腐儒也。故必二面兼施，方能精义入神，随博随约，当下事理洞明，不至支离，学业德业，两者并进也。所谓知行合一，必内外本末，工夫一齐并到，始可以成。其兼取朱陆之长，于此可见。

颙之学说，植基于陆子，而兼取朱子之长，不偏于一派，由是产出自己之学说。但折衷者多乏创造，惟其主张反省事物之理，以直观为主；又说心当保其平静，恰与李延平同；其学自然倾于内省的。故曰："学问之要，学问之得力，全在定心、静而安，寂然不动，感而遂通；廓然大公，物来顺应，犹如镜之照，不迎不随，此之谓能虑，此之谓得其所止。"(《反身录》一) 故心之体，本虚，本明，本定，本静，能虚明定静，则情忘识泯，心亦不动，恰如镜中之象。盖静中之静易，动中之静难，动时能静，则静时自能静。其言定静工夫，可谓详密。

彼之学既以心德之涵养为主要，明明德止于至善为工夫，是即以致良知纯天理为中心也。故于宇宙问题、心理问题，自不多及。所以门人问《易》时，告之曰：

> 今且不必求《易》于《易》，而且求《易》于己；人当未与物接，一念不起，即此便是无极而太极；及事至念起，惺惺处，即此便是太极之动而阳；一念知敛处，即此便是太极之静而阴；无时无刻，而不以去欲存理为务，即此便是天行健，君子以自强不息；人欲净尽，而天理流行，即此便是乾之刚健中正纯粹精。希颜之愚，效曾之鲁，敛华就实，一味韬晦，即此便是归藏于坤；亲师取友，丽泽求益，见善则迁，如风之疾，有过则改，若雷之勇；时止则止，时行则行，见可而进，知难而退；动静不失其时，继明以照四方，则兑、巽、震、艮、坎、离在己，而不在《易》矣。(《全集》五《锡山语要》)

盖以为理即吾人之心理状态，学者收敛其心，则《易》（理）之变化，即在人之心中，故心中不可无主宰，不可不收敛，如四书中之言，看是易行，而反之于身，欲其体现，亦不易；何况《易》理，欲体用之，岂不更难耶？是故格物穷理之事，实有裨于修齐治平，而后可尊；苟徒博学，而反身不诚，毕竟是玩物丧志，距道愈远。其《受授记要》有云："重实行不尊见闻，论人品不论材艺，夫君子多识前言往行，原为畜德也。德既畜矣，推己及人，有补于世。若多闻多识，而不见诸实行，以畜其德，人品不足而材艺过人，擅美炫长，于世无补，徒以夸闾里而骄流俗，焉足齿于士君子之林乎！"盖观此可知颐之学风，始终以实践伦理为重也。

第三节　曾国藩

一　略传及著书

曾国藩，字涤生，湖南湘乡人。生于清嘉庆十六年（纪元一八一一），卒于同治十一年（纪元一八七二）。道光年间，会试中式进士，授翰林院检讨。累官至礼部侍郎丁忧回籍。会太平军起，自广西入湖南，锐不可当。在籍督办团练，立湘军；初不过保卫地方，后因屡挫太平军，遂出境御敌。尔时太平军已建都金陵，国藩崎岖戎马，十余年间，恢复沿江各省，卒破金陵，成清室中兴之业。官至大学士，爵为毅勇侯。国藩居翰林时，即与罗罗山（泽南）等，讲程朱之学，各以学行相砥砺，卒以书生，成削平大难之业。当时湘军名将，多数是平时讲学之朋友及门生。其为人公忠朴诚，言行一致，治军居官，未尝一日离开学问，粹然有儒者气象，当时风气，为之一变。其论学不主一派，于考证家之诋斥宋学，固不以为然，而于汉学，亦极推段、王、江、戴诸公。所为诗文，亦不主一家，精深博大，卓绝一代。卒年六十二。谥文正。所著书，诗、文、奏议、书札、日记及经史百家杂钞共百数十卷。门人辑而刻之，曰：《曾文正公全集》。

二　学行

自汉学极盛，攻击宋学，不留余地，门户之见至深。乾隆以来，宋学二字，几为学人所不道。但汉学大家，如戴震等，不特学术超越前古，即人格亦足为一世模范，故能压倒宋学。至其末流，则考证之途，已达于止境；学者支离破碎，徒以辨析名物为事，而薄视躬行实践。于是浮薄之士，乐其无所拘束，率以汉学家自命，渐惹人心之厌恶，尔时老成贤达之士，遂欲和会汉宋，力矫轻浮之弊习，曾国藩即为折衷派之领袖；彼支持清末数十年之学风，孜孜为学，终身不倦，虽未尝有特创之学说，然其宗旨，本在调和汉宋，且极重实践，乃兼容并包之折衷派也。

其治学之宗旨，略见于其所著之《圣哲画像记》；有云："自朱子表章周子、二程子、张子，以为上接孔孟之传；后世君相师儒，笃守其说，莫之或易。乾隆中，闳儒辈起，训诂博辨，度越前贤，别立徽志，号曰汉学；擯有宋五子之术，以为不得独尊；而笃信五子者，亦屏弃汉学，以为破碎害道；断断焉而未有已。吾观五子之言，其大者多合于洙泗，何可议也；其训说诸经，小有不当，固当取近世经说，以辅翼之；又何可屏弃群言以自隘乎！"而其《致刘孟容书》（孟容名蓉亦湘乡人）；《覆夏弢甫书》（弢甫名炘安徽当涂人，著有《述朱质疑》等书）。亦皆反覆陈明此旨。（具见《文集》）可见其兼采汉宋之长，以成文质得中之学派，不以当时之门户攻击为然，确为包容众流之大家也。且不独对于汉宋之争主调和，于程朱陆王之争，亦主调和。是时唐鉴（字镜海）著《国朝学案小识》，尊程朱而排陆王，国藩尝从鉴问学，而于鉴之主张，则非之。尝云："朱子主道问学，何尝不洞达本原？陆子主尊德性，何尝不实征践履？姚江宗陆，当湖宗朱（当湖指陆陇其），而当湖排击姚江，不遗余力；当湖学派极正，象山姚江亦江河不废之流"（《覆夏弢甫书》），此盖与小儒拘守门户之见，截然不同者也。其博采众长之处，且不限于儒学。其《日记》中有云："以庄子之道自怡，以荀子之道自克，其庶为闻道之君子乎！"又曰："以禹墨之勤俭，兼老庄之静虚，庶于修己治人之术，两得之矣"；又曰："周末诸子，各有极至之诣，其所以不及孔子者，此有所偏至，即彼有所独缺，亦犹夷惠之不及孔氏耳。若游心能如老庄之虚静，治身能如墨翟之勤俭，齐民能如管商之严整，而又持之以不自是之心，偏者裁之，缺者补之，则诸子皆可师，不可弃也。"于此可见其博大；其身心实践，亦悉与以上所言相合；且每日必静坐数息百入，则又采用道家功夫者也。

国藩生平，极服膺桐城姚姬传鼐，故《圣哲画像记》，并尊顾、秦、姚、王，顾即昆山顾亭林，秦则无锡秦蕙田，王则高邮王念孙父子也。然姬传称学问之途有三曰：义理、考据、词章；义理指宋学，考据指汉学。而国藩则云："有义理之学，有词章之学，有经济之学，有考据之学。义理之学，即宋史所谓道学也，在孔门为德行之科。词章之学，在孔门为言语之科。经济之学，在孔门为政事之科。考据之学，即今世所谓汉学也，在孔门为文学之科。此四者阙一不可。"（见《日记》）惟其局量广大，故其门下，才智毕集，一艺一长，靡所不揽。学识则广于程朱，事功则越乎阳明，伟成中兴之业，决非偶然。以现在眼光批评，一若以汉人辅佐满清，杀戮同胞，为大不道，其实时势使然，不足以损其学问人格也。

第四章　关洛闽学派

第一节　王夫之

一　略传及著书

王夫之，字而农，号薑斋。生明神宗万历四十七年（纪元一六一九）。崇祯十五年，中式举人。明亡，桂王监国驻桂林，大学士瞿式耜辅佐之。夫之往从，授行人官。后以母病辞归。而桂王覆亡，式耜亦殉节于桂林。夫之遂隐遁不出，展转于湘西、郴、永、涟、邵间，与苗瑶杂处。晚乃居衡阳之石船山，杜门不出。学者称船山先生。清康熙三十一年，卒（纪元一六八二）。年七十四。自题其墓曰：明遗臣王某之墓。

著书有《周易内传》十二卷；《周易外传》七卷；《周易大象解》一卷；《周易稗疏》二卷；《周易考异》一卷；《书经稗疏》四卷；《尚书引义》六卷；《诗广传》五卷；《诗经稗疏》五卷；《诗经考异》一卷；《礼记章句》四十九卷；《春秋稗疏》二卷；《春秋家说》、《春秋世论》五卷；《读春秋左氏传博议》二卷；《四书义训》三十八卷；《四书稗疏》

二卷;《四书考异》一卷;此外尚有《张子正蒙注》、《思问录内外篇》、《俟解》、《噩梦》、《黄书》等,均收《船山遗书》中。

二 学说

夫之之学,由关而洛而闽,力诋殊途,归宿正轨。其《张子正蒙注序》云:"张子之学,上承孔孟,如皎日丽天,无幽不烛。惜其门人未有殆庶者,其道之行,曾不逮邵康节之数学,是以不百年而异说兴。"于此可见夫之实崇拜张子之关学,而有意继承之者。其作《大学补传》为之衍曰:"经云事有终始,知所先后,则近道矣。递推其先,则曰在格物;物格而后知至,知至而后意诚,以及于天下平,皆因焉。是事之始,为先所当知者明矣。故以格物为始教,而为至善之全体,非朱子之言也,经之意也。……君子之所谓知者,吾心喜怒哀乐之节,万物是非得失之几,诚明于心而不昧之谓耳,非君子之有异教也。人之所以为人,不能离乎君民亲友以为道,则亦不能合夫人官物曲以尽道,其固然也。今使绝物而始静焉,合天下之恶,而不取天下之善,堕其志,息其意,外其身,于是而洞洞焉,晃晃焉,若有一澄澈之境,置吾心而偷以安。又使解析万物,求物之始而不可得;穷测意念,求吾心之所据而不可得;于是弃其本有,疑其本无,则有如去重而轻,去拘而旷,将与无形之虚同体,而可以自矜其大。斯二者乍若有所睹,而可谓之觉;则庄周瞿昙氏之所谓知,尽此矣。然而求之于身,身无当也;求之于天下,天下无当也。"此其抉剔释老之弊,亦与张子《正蒙》中所说"蔽其用于一身之小,游其志于虚空之大者"相同。故唐鉴之《国朝学案小识》,称夫之为由关而洛而闽也。

又云:"彼自为说,而为君子之徒者,未有以为可与于圣人之教也。有儒之驳者起焉,有志于圣人之道,而惮至善之难止也。……于是取大学之教,疾趋以附二氏之涂,以其恍惚空明之见,名之曰,此明德也,此知也,此致良知而明明德也;体用一,知行合,善恶泯,介然有觉,颓然任之，而德明于天下矣。乃罗织朱子之过，而以穷理格物，为其大罪。天下之畏难苟安，以希冀不劳无所忌惮而坐致圣贤者，翕然起而从之。"此则明明斥王学之依附释老，而推尊朱子。故又云："夫子博文约礼之教，千古合符，精者以尽天德之深微，而浅者亦不亟叛于圣道。圣人复起，不易朱子之言矣。"夫之之学，归宿于闽，于此益见。

其衍《中庸》曰："《中庸》、《大学》，自程子择之《礼记》之中，以为圣贤传心入德之要典。迄于今学宫之教，取士之科，与言道者之所宗，虽有曲学邪说，莫能违也；则其为万世不易之常道久矣。乃《中庸》之义，自朱子之时，已病乎程门诸子，背其师说，而淫于佛老……朱子《章句》之作，一出于心得，而深切著明，俾异端之徒，无可假借，为至严矣。……数传之后，朱门之余裔，或以钩考文句，分支配拟，为穷经之能事。……其偏者则以臆测度，趋入荒杳，堕二氏之郭廓，而不自知。……明兴，河东、江右诸大儒，既汲汲于躬行，而立言之未暇。降及正嘉之际，姚江王氏始出焉，则以其所得于佛老者，殆攀是篇，以为证据。其为妄也，既莫之穷诘，而其失之皎然易见者，则但取经中片句只字，与彼相似者，以为文过之媒。至于全书之义，详略相因，巨细毕举，一以贯而为天德王道之全者，则茫然置之而不恤。洎其徒二王、钱、罗之流，恬不知耻，而窃佛老之土苴，以相附会，则害愈烈；而人心之坏，世道之否，莫不由之矣。夫之不敏，深悼其所为，而不屑一与之辩也。故僭承朱子之正宗，而为之衍，以附诸章句之下。庶读者知圣经之作，朱子之述，皆圣功深造体验之实，俾学者反求自得，而不屑从事于文词之末，则亦不待深辩，而驳儒淫邪之说，亦尚息乎！"此其摈斥阳明及王门诸子，尤为深切著明者也。

夫之自己之学说，多见于《思问录内外篇》、《俟解》二书。其言性，则曰："尽性以至于命，至于命而后知性之善也。天下之疑，皆允乎人心者也；天下之变，皆顺乎物则者也；何善如之哉！测性于一区，拟性于一时，所言者皆非性也，恶知善。"盖谓性是普遍的，不可于一方面测之，不可于一时间拟之，必推极至于命，而后可知性之全体也。其言心，则曰："天下何思何虑，言天下不可得而逆亿也；故曰：无思，本也；物本然也。义者，心之制，思则得之；故曰：思，通用也，通吾心之用也。死生者，亦外也；无所庸其思虑者也。顺事没宁，内也；思则得之者也。不于外而用其逆亿，则患其思之不至耳；岂禁思哉！"又云："欲修其身者，先正其心，圣学提纲之要也。勿求于心，告子迷惑之本也。不求之心，但求之意，后世学者之通病；盖释氏之说，暗中之。呜呼！合心不讲，以诚意而为玉钥匙，危矣哉！"（以上皆《思问录内篇》）王氏盖本乎孟子"心之官则思"之说，谓心之用在于思，不能用逆亿之意。后世学者之病，是合心而求意，此其蔽也。其言性与气之别，则曰："末俗有习气，无性气；其见为必然而必为，见为不可而不为，以婞婞自任者，何一而果其自好自恶者哉！皆习闻习见而据之，气遂为之使者也。习之中于气，如瘴之中于人，中于其所不及知。而其发也，血气皆为之澒涌。故气质之偏可致曲也；嗜欲之动，可推以及人也；唯习气移人，为不可复施斤削。"（《俟解》）此则推衍孔子性相近习相远之说，而穷究习气之流弊，不觉其言之痛切也。

第五章　考证学派

第一节　考证学之渊源

考证学之渊源，出于顾炎武，兹举其研学之特色：第一，其研究方法，即为归纳的、科学的；第二，以不吸古人之糟粕，而以独创的主张为生命；第三，力求研究之所得，可以施于实用，所谓致用之精神；此三者是其主要之特色也。第一归纳的，是就事迹、文物、文句、文字等，俱一一博引旁证，总合研究其异同，以期入手即无谬误，而后归纳之以为定说，用意十分周到。第二独创的，则以窃取古人已阐明之遗说为耻，务自己独创之见解，以立新说。《日知录·自序》曰："常谓今人纂辑之书，正如今人之铸钱；古人采铜于山，今人则买旧钱，名之曰废铜，以充铸而已；所铸之钱，既已粗恶，而又将古人传世之宝，舂锉碎散，不存于后，岂非两失之乎！……承问《日知录》又成几卷，盖期之以废铜，而某自别来一载，早夜诵读，反复穷究，仅得十余条然庶几采山之铜也。"由此可知其独创的精神。全祖望亦曰："凡先生之游，必载书自随，至阨塞之所，即呼老兵退卒，询其曲折，或与平日所闻不相合时，即发书而对勘之。"(《鲒埼亭集·亭林先生神道碑》)似此周游天下，前后且三十年，一一如此，其实证之精神，可以想见。所以《四库全书提要》曰："炎武学有本原，博赡而能贯通，每一事必详其始末，参以证佐，而后举之于书，故引据浩繁，而少抵牾，非如杨慎、焦竑诸人之偶然涉猎，得一义异同，知其一不知其二也。"其造诣之深，及论断之精赅的确，又可想见。第三致用。则以为学者一切研究，不可单止于断理，尤当使之适于实用之谓。由来孔孟为学之精神，都是实用主义，不是纯理思辨之学；至宋明全然埋殁孔孟之本旨，学者远于世用，惟尚空谈是，为大病故；不可不复于孔孟当年，亦以经世致用为宗旨。其所著《天下郡国利病书》，即其致用方面之代表。

以炎武此种归纳的独创的致用的精神为中心，而续起者，即为"考证学派"。此派自阎若璩、胡渭而后，至乾隆时，惠栋、戴震而大成，特尊之为汉学，以排斥宋学。惠栋是吴人，承其祖周惕父士奇三世相传之经学，世称吴中三惠，其学号称为吴派。戴震是皖人，其学号为皖派。此外尚有段若膺、王怀祖及其子引之等，人才辈出，号称极盛。至此时，考证学于"为学问而学问"之精神，发挥极多；致用之精神则缺焉。

第二节 考证学之内容

考证学研究经子之方法；大别之可分为"训诂"、"校勘"二种：前者是书中字义之整理贯通，后者是书本之整理。训诂之学是惠栋一派"汉学"者之所长，取古义古训之同一事类、同一用法，多方搜集，而比较归纳之；其法虽与古来之训诂学，不甚相远，然研究之深广，及客观的态度，是其特色。兹举例如下，即此派之中坚戴、段、二王所用之方法，应用于"小学"属于文字、音韵、文法三方面者；或则参照古训之义理，而比较归纳，以作定说者。

(一)"文字"上之研究。是根据古义，将古字典、古笺注及古书之同类事项，比较综合之谓。

〔例〕《老子》三十九章，"为天下正"。(《读书杂志》余篇上)

侯王得一以为天下贞，河上公本，贞作正，注云：为天下平正。念孙（怀祖字）案；《尔雅》曰：正，长也；《广雅》曰：正，君也；《吕氏春秋·君守篇》：可以为天下正；高《注》曰：正，主也；为天下正，犹《洪范》言为天下王耳。下文天无以清地无以宁，即承上文天得一以清，地得一以宁言之。又曰：侯王无以贞而贵高将恐蹶，贵高二字，正承为天下正言之，是正为君长之义，非平正之义也，王弼本正作贞，借字耳。

以上取古字典二条，古书同类二条，注一条，考证"正"字之字义。

（二）以"音韵"为根据，对于文字之研究。其法用假借、声类、通转等用例为证。意谓古字通用，由于音韵之不大相违，所以要明古字之意义，不可不明古来音韵变迁之理。其说顾炎武、江永、钱大昕、孔广森等力倡之，以后音韵学遂大兴。

〔例〕庄子"培风"

《逍遥游篇》，风之积也不厚，则其负大翼也无力，故九万里，则风斯在下矣，而后乃今培风。《释文》曰：培，重也；本或作陪。念孙案培之言冯也，冯，乘也。(见《周官·冯相氏》注) 风在鹏下，故言负；鹏在风上，故言冯；必九万里而后在风之上，在风之上而后冯风，故曰而后乃今培风。若训培为重，则与上文了不相涉矣。冯与培声相近，故义亦相通；《汉书·周緤传》，更封緤为鄌城侯。颜师古曰，鄌，吕忱音陪，而《楚汉春秋》作冯城侯；陪冯声相近；是其证也。冯字古音在蒸部，陪字古音在之部，之部音与蒸部音相近，故陪冯声亦相近。《说文》曰：陪，满也；王注《离骚》曰：冯，满也；陪冯声相近，故皆训为满。

此引古字典，古书注各数条，辨证"冯"、"陪"古音相近，字义相同如此。

（三）"文法"上之研究。取助字、介字、连字、状字等，都解作名字、代字等实字，以匡正其义之方法之谓。此方面之大成者，是王怀祖父子，所著《经传释辞》，尤其代表之作。

〔例〕《老子》三十一章，"夫佳兵者不祥之器"。

《释文》：佳，善也；河上公云：饰也。念孙案，善饰二训，皆于义未安。古所谓兵者，皆指五兵而言；故曰，兵者不祥之器；若自用兵者言之；则但可谓之不祥，而不可谓之不祥之器矣。今案，佳，当作隹，字之误也；隹，古唯字也；唯兵为不祥之器，故有道者不处。上言夫唯，下言故，文义正相承也。八章云：夫唯不争，故无尤；十五章云：夫唯不可识，故强为之容；又云：夫唯不盈，故能敝不新成；二十二章云：夫唯不争，故天下莫能与之争；皆其证也。古钟鼎文，唯字作隹，石鼓文亦然；又夏竦古文四声韵，载《道德经》唯字作雔，据此，则今本作唯者，皆后人所改；此隹字若不误为佳，则后人亦必改为唯矣。（《读书杂志》余篇上老子）

以上三例，不过示"考证学"之片鳞，然由此片鳞，读者当可悟到考证所研究，是科学的、客观的，且用意亦极周到。训诂方法，不独如上所述，或引史上事例，或引证金石彝器钟鼎之款识。又如惠栋一派之汉学家，考证汉代之古义古训，其方法依人而异，不仅上述之方法而止。上所述三例，是因其在小学及其他方面，使用最多，故特标出之。

至于"校勘"古书，则与"训诂学"正有密切关系，专以勘校本文之正确为事。集古刻之善本多种，厘正其异同，及误字误句等，其方法则述本书上之通用义例，及类书中之引用文，及本文上下之文义文法等，详加考察，而匡正其谬误。此事业亦收盛大之效果。

第三节 戴 震

一 略传及著书

考证学虽分吴皖两派，而皖派戴震，初亦从惠栋游，厥后自成一家。但考证学家多致力于训诂文字方面，于思想实无可述，故于哲学上关系极少。惟戴震则稍有涉及思想方面者本章略述之。

戴震，字慎修，一字东原，安徽休宁人。生于清雍正元年（纪元一七二三），殁于乾隆四十五年（纪元一七八〇）。彼为考证学大家，因受时代之影响，毕生致力于此。然其博大彻底之精神。亦有出于考证学之外，而致其思索者。彼嫌宋人以一己之胸臆解经义，于是以"唯求实事不主一家"之科学的精神，解读古书。故于宋儒混杂老释之思想，以依附孔孟，及合欲言理，排情固性之见解，概斥为非。而著《原善》三篇，《孟子字义疏证》三卷，以期揭出孔孟之真正面目。（此书收在《戴氏遗书》四帙中）

二 人生哲学

代表震之思想，即以上二书。著此书之动机，乃为破宋儒空疏之谬见，而高倡儒学根本精神，为实用经世之术者也。

震先就宋学之根本"理"为之说曰："程朱以理言性，其见性也。以为人心中如有一物，此物即为理，而此理又即为得之于天，具之于心者。吾人求理时，不外体贴天意；而体贴天意以明理，又不可不去人欲。"（《戴氏遗书》九附录《答彭进士书》）但理字之说，《六经》及《论》

《孟》中，多不散见，要为宋儒独得之思想，与孔孟之本旨，初无关系。例如宋儒立理欲之辩，以为不出于理，则必出于欲，不出于欲，则必出于理；而除去一切情欲，即为本然之性，即为理。但古之圣贤，未尝有涸渴民情之语，但说当使人各遂其情，而得中庸，以期社会之进步。宋儒去欲之说，要为混杂老佛虚无之证据，孔孟决不将情理区而为二也。是则"理也者，情之不爽失也；未有情不得而理得者也"。（《疏证》上卷）情者，自是性之"分理"，以性之静者当天理，则人欲者，性之动者也。从而绝此性之动，即是绝人之理，岂圣人之道哉！毕竟性之中含有知、情、欲三者，性之名字，方得存在。古人言性；但以气禀为言，亦未尝明言惟理义为性。理义之说，虽由于孟子，是因当时异说纷起，就方便上，取此理义以为圣人治道之具。故孟子说："养心莫善于寡欲"，明乎欲之不可无也，寡之而已。人之生也，莫病乎无以遂其生，欲遂其生，亦遂人之生，仁也。欲遂其生，至于戕人之生而不顾者，不仁也。不仁实始于欲遂其生之心；使无此欲，必无不仁矣。然使其无此欲，则于天下之人，生道穷蹙，亦将漠然视之。己不必遂其生，而能遂人之生，无是情也。然则谓不出于正，则出于邪；不出于邪，则出于正，可也；谓"不出于理，则出于欲；不出于欲，则出于理不可也。何以故？欲其物，理其则也。若谓不出于邪而出于正，犹往往有意见之偏，未能得理；况更谓不出于理而出于欲乎"。（《疏证》上卷）事实上，自宋以来，言理欲之人，徒以为正邪之辨；其不出于邪而出于正，要为以理应事之言。但理与事不可分为二；分而为二，则必害事无疑。夫事至而应者心也；心有所蔽，则于事情未之能得，又安能得理乎？

盖人类生存以上，若禁止其情欲，要为至难之事。饥寒、愁怨、饮食、男女之常情，以及一切隐情曲绪，皆称之为"人欲"；然此种人欲，如尽除去，则非根本上否定人生，当不可能。抑天道者，要不外阴阳五行；人之生也，分此阴阳五行而为性，是以有血气，有心知，从而又有情欲。此心知与情欲，有密切相关。故知、情、欲（意）三者，要为心之三大作用；去其一，则人生不得完全。故云：

> 记曰："饮食男女，人之大欲存焉"；圣人治天下，体民之情，遂民之欲，而王道备。人知老庄释氏，异于圣人，闻其无欲之说，犹未之信也。于宋儒则信以为同于圣人，理欲之分，人人能言之。故今之治人者，视古圣贤，体民之情，遂民之欲，多出于鄙细隐曲，不措诸意，不足为怪。而及其责以理也，不难举旷世之高节，著于义而罪之，尊者以理责卑，长者以理责幼，贵者以理责贱，虽失谓之顺；卑者、幼者、贱者，以理争之，虽得谓之逆。于是下之人，不能以天下之同情，天下所同欲，达之于上。上以理责其下，而在下之罪，人人不胜指数。人死于法，犹有怜之者；死于理，其谁怜之！呜呼！杂乎老释之言以为言，其祸甚于申韩如是也。《六经》孔孟之书，岂尝以理为如有物焉，外乎人之性之发为情欲者，而强制之也哉？（《疏证》上卷）

戴氏取宋儒以理为性之本质心之主宰之误谬，指摘无遗。心是知、情、意三者之合体，去其一，心且失其为心，于生物之体，而去其欲情时，是否定其生存也。人不可不去情欲之论，孔孟皆未言及，谓君子之治天下也，使人各得其情，各遂其欲，勿悖于道义。君子之自治也，务使情与欲一于道义，夫遏欲之害，甚于防川；绝情去智，仁义充塞；要为老释之言，非吾儒本旨。吾儒但主张去其欲之私与蔽，而归于欲之中庸。以为修为之要谛，决无此种无欲与绝欲之主张。盖孟子之所谓"性"，即宋儒之所谓"才"，俱指气禀而言；此才不尽，则有二患；一曰私，二曰蔽，世所谓善不善，要由于此二者，而非才之罪。故学礼义可以去蔽，而强制可以去私，圣人之教化，要为如此。而吾儒四德之意义，亦是求欲情之得其中，而下此工夫。戴氏盖对于人性之本质；始终立足于人生观上，以自然的生理的下其观察；不似宋儒由本体的伦理的而作抽象论。其结果对于混杂老佛之宋儒理学，极端反对，以明孔子之真传，可谓卓识。而分心为知，情，意三面，以解释心体，合乎近世之心理学，尤足见其思想之致密也。

三　伦理观

戴氏于宋儒混和释老之心性说，既唾弃之。而以经世实用之学，善导天下之民，造成文质彬彬之文化社会，实现孔孟之精神，当然为其理想。故主张不可不使民遂其情，调节欲望而保其中庸；但如何而此情可遂，此欲可达，在实践伦理上，人生知、情、意三者，如何可以保其调和。戴氏曾言去私去蔽，制御欲情，此两条是其教育观及伦理观。尝曰：私生于欲之失，蔽生于知之失，释氏尚无欲，儒家尚不蔽；释氏以为主静可至于君子，儒家则强恕以去私，问学以去蔽，主忠信，而明其善，则养其心而去其私，即得欲之中庸。其言曰：

> 夫遏欲之害，甚于防川；绝情去智，仁义充塞。人之饮食也，养其血气；而其问学也，养其心知，是以自得为贵。血气得其养，虽弱必强；心知得其养，虽愚必明；是以扩充为贵。君子独居思仁，公言思义，动止应礼，竭其所能谓之忠，明其所履谓之信，施其所平谓之恕，驯而致之谓之仁且智，仁且智者，不私不蔽者也。君子之未应事也，敬而不肆，以虞其疏；至而动，正而不邪，以虞其伪；必敬必正，以致中和，以虞其偏且谬。戒疏在乎恐惧，去伪在乎慎独，致中和在乎达礼。精义至仁，尽天下之人伦，同然归之于善，可谓至善矣。若夫以理为学，以道为统，以心为宗者，探之茫茫，索之冥冥也。曷若反求之六经耶！（《原善》）

以六经匡心知，以物质遂欲而养血气，正所谓健康之精神，宿于健全之身体者也。明乎此义则养其中和之德，则私蔽自去，孟子所谓大丈夫之境地自达。其思想，正通于近代之"自然主义"与"功利主义"所谓"以人之欲，为己欲之界；以人之情，为己情之界"之说，尤为极自然的见解，其中默含功利思想，自不待言。

第四节　洪亮吉

一　略传及著书

经史学家而具深湛之思想者，戴震而外，尚有洪亮吉。亮吉字君直，一字稚存，江苏阳湖人。生六岁而孤，家贫，就外家读，聪颖倍常儿。年二十四，补诸生，始好词章，继乃兼治经史。性至孝，常橐笔游公卿间，节所入以养母。母卒后，遇忌日，辄不食。居陕时，至友黄景仁病笃，驰函托以身后事。四昼夜驰七百余里，往料理其丧；扶其柩回常州，为营葬焉。乾隆庚子中顺天乡试。庚戌成进士，授翰林院编修。旋提督贵州学政，其教士敦厉实学；由是黔人皆知好古读书。嘉庆初，川楚教匪作乱，上求直言。乃上书谓圣躬兢业于上，在勤政远佞；臣工惕厉于下，毋奔竞营私；语过激直。上震怒，下军机刑部会讯，拟大辟。特恩，免死，戍伊犁。就道之日，居民围观于马前，相与叹息曰："此所谓不怕死之洪翰林也。"后赦回，自号更生居士。从此一意著述，放浪于山水者十年。卒年六十四。

所著书有《左传诂》二十卷；《公羊穀梁古义》二卷；《六书转注录》十卷；《汉魏音》四卷；《比雅》十卷；《传经表》、《通经表》各二卷；此外尚有《地理志》及《诗文集》、《词》、《乐府》等，合刊为《洪北江遗书》。

二 学说

亮吉文集中,有《意言》二十篇。其中《真伪篇》有云:"今世之取人也,莫不喜人之真,厌人之伪,是则伪不可为矣;而亦不然。襁褓之时,知有母而不知有父,然不可谓非襁褓时之真性也;孩提之时,知饮食而不知礼让,然不可谓非孩提时之真性也。至有知识而后,知家人有严君之义焉;其奉父也,有当重于母者矣。饮食之道,有三揖百拜之仪焉;酒清而不饮,肉干而不食,有非可径情直行者矣。将为孩提时之真乎?抑有知识时之真乎?必将曰:孩提之时虽真,然苦其无知识矣。是则无智识之时真,有智识之时伪也。吾以为圣人设礼,虽不导人之伪,实亦禁人之率真。何则?上古之时,卧倨倨,兴盱盱,一自以为马,一自以为牛,其行蹟蹟,其观瞑瞑,可谓真矣。而圣人必制为尊卑上下寝兴坐作委曲烦重之礼以苦之;则是真亦有所不可行,必参之以伪而后可也。且士相见之礼当矣,而必一请再请,至固以请,乃克见。士昏之礼,当醴从者矣,亦必一请再请,至固以请,乃克就席。乡射礼,知不能射矣,而必托辞以疾。以至聘礼,不辱命,而自以为辱。朝会之礼,无死罪,而必自称死罪。非皆禁人之率真乎。总之:上古之时真,圣人不欲过于率真,而必制为委曲烦重之礼以苦之;孩提襁褓之时真,圣人又以为真不可以径行,而必多方诱掖奖劝以挽之;则是礼教既兴之后,知识渐启之时,固已真伪参半矣。而必鳃鳃焉以真伪律人,是又有所不可行也。"此其言真伪,与世之言真伪者绝不同,颇近荀子性恶善伪之说。然在《形质篇》,则又谓:"嗜欲益开,形质益脆;知巧益出,性情益漓";其意又似相反,一若所说之伪道,毕竟不可以久,去伪日近,离真愈远,吾人宜复归于真者方可也。

亮吉之经济思想,尤极缜密,其《意言》中之《治平篇》云:"人未有不乐为治平之民者也,人未有不乐为治平既久之民者也。治平至百余年,可谓久矣。然言其户口,则视三十年以前,增五倍焉;视六十年以前，增十倍焉；视百年百数十年以前，不啻增二十倍焉。试以一家计之；高曾之时，有屋十间，有田一顷，身一人，娶妇后不过二人。以二人居屋十间，食田一顷，宽然有余矣。以一人生三子计之；至子之世，而父子四人；各娶妇即有八人；八人即不能无佣作之助，是不下十人矣。以十人而居屋十间，食田一顷，吾知其居仅仅足，食亦仅仅足也。子又生孙，孙又娶妇，其间衰老者或有代谢，然已不下二十余人。以二十余人而居屋十间，食田一顷，即量腹而食，度足而居，吾知其必不敷矣。又自此而曾焉，自此而玄焉，视高曾时，口已不下五六十倍。是高曾时为一户者，至曾玄时不分至十户不止。其间有户口消落之家，即有丁男繁衍之族，势亦足以相敌。或者曰：高曾之时，隙地未尽辟，闲廛未尽居也；然亦不过增一倍而止矣；或增三倍五倍而止矣；而户口则增至十倍二十倍。是田与屋之数，常处其不足；而户与口之数，常处其有余也。又况有兼并之家，一人据百人之屋，一户占百户之田；何怪乎遭风雨霜露饥寒颠踣而死者之比比乎？曰：天地有法乎？曰：水旱疾疫，即天地调剂之法也。然民之遭水旱疾疫而不幸者，不过十之一二矣。曰：君相有法乎？曰：使野无闲田，民无剩力，疆土之新辟者，移种民以居之，赋税之繁重者，酌今昔而减之。禁其浮靡，抑其兼并，遇有水旱疾疫，则开仓廪悉府库以赈之。如是而已。是亦君相调剂之法也。要之，治平之久，天地不能不生人，而天地之所以养人者，原不过此数也。治平之久，君相亦不能使人不生，而君相之所以为民计者，亦不过前此数法也。然一家之中，有子弟十人，其不率教者常有一二。又况天下之广，其游惰不事者，何能一一遵上之约束乎！一人之居，以供十人已不足，何况供百人乎！一人之食，以供十人已不足，何况供百人乎！此吾所以为治平之民虑也。"此以户口之增，与田屋之增，不相比，累率以计算，十分精审。近世经济学者竭尽脑力，研究数十年而卒无方法以善其后者，即此问题。亮吉生于乾嘉极盛之时，而思深虑远，若已见及天下危乱之机，诚可谓卓见。且彼时亦初不知有所谓经济学、统计学，而其思虑之周密如此，尤不得不使人叹服也。

第五节 俞 樾 附孙诒让

一 略传及著书

俞樾，字荫甫，号曲园，浙江德清人。清宣宗道光二年（纪元一八二二）生，光绪三十三年（一九〇六）卒，年八十有六。三十岁成进士，入翰林。咸丰七年，提督河南学政，革职，寓居苏州读书，始有志著述。治经之外，旁及诸子。著有《春在堂全书》，其中《群经平议》三十五卷，《诸子平议》三十五卷，最有价值。此外有《第一楼丛书》三十卷，《诗词编》、《宾朋集》等百七十六卷，《宾朋集》卷四十五有《性说》上下二篇，可以见其讲学之态度。盖其眼中，以为孔子初不判定性之善恶，至孟荀始有善恶之主张，彼则有取于性恶说，而不取性善说者也。

二 学说

(1) 论性与才之别

曲园谓民之初生，如禽兽然；圣人惧之，故教以五伦之道，设礼制刑，荀子之言，实已尽之。夫使人性本善，则圣人何必如此？或难之曰：圣人教人，以人性本善也；若人性不善，则教无所施，今将执禽兽使知五伦之道，其可得乎？吾则曰：此非性之异，才之异也；禽兽无人之才，故不能为善，亦不能为大恶。人则不然，其才能役使万物，方其未有圣人之时，天下之人，率其性之不善，又佐之以才，盖其为恶，十百倍于禽兽也。圣人曰："是能为恶，亦将能为善，不如禽兽之冥顽不灵，吾无从施其教。"于是以其所能，教人之不能，以其所知，教人之不知；人之才果足以及之。然则人之可以为圣人者，才也，非性也。性者，人与物之所同也；才者，人与物之所异也。禽兽之不及人，非其性之不足，其才之不足也。曲园之伦理说，为性恶一元论，视性甚轻。自性言之，则人类与下等动物，悉皆同一；惟才有优劣，故人类为万物之灵长，而动物则为人之使役也。且惟人之才多，故为恶亦远胜于禽兽；是故当求善良之方法，以谋屈性伸才。是彼之政治教育之要旨，亦可谓之轻性重才说。

（2）驳孟子

曲园谓孟子所云："人之所不学而能者，其良能也；所不虑而知者，其良知也。"而以孩提之童之爱亲敬兄为证据，其说非也。何则？孩提之童，其母乳之，其父燠咻之，故自然能爱其亲，此爱非良知良能，乃昵其所私耳。及长则对于其亲，偶有同异之见，而憎爱即起；至于兄弟之间，友悌破裂，时起争斗，乃是常事，此适足以表明性之不善也。又云：孟子说"人无有不善，水无有不下，今夫水，搏而跃之，可使过颡；激而行之，可使在山；是岂水之性哉？其势则然也！人之可使为不善，其性亦犹是也"。呜呼！使世人而皆圣贤，其愚者不失为君子，为恶者仅千百中之一，则孟子之言信矣。今天下之人，为善者少，为恶者多，何其性之善变耶！夫水，搏之过颡，俄顷即复其故；人性岂如是耶？强之如是，固决不能持久，而人之为恶，将终其身焉，则孟子之说非也。又谓人之善恶恰如寿夭，孟子曰："人皆可以尧舜"，此无异说人皆可以保百年之寿，呜呼！何其言之轻易也。

（3）孟荀比较

孟荀二子之性说，于根柢则正相反对，而其修为之极度，得达于圣人之域则同。孟子曰："人皆可以为尧舜"；荀子曰："涂之人可以为禹。"于是曲园本其自家之见地，以判断二家之说曰："荀子必取于学者也；孟子必取于性者也。从孟子之说，将使天下之人，恃性而废学，而释氏之教，得以行于其间；《书》曰：'节性，惟日其迈'（《周书·召诰》）；《记》曰：'率性之谓道。'（《中庸首章》）孟子之说，率其性者也；

荀子之说，节其性者也。夫为君子之责者，在使人知率其性；人者，在使知节其性者也。故吾人论性，不从孟而从荀也。"由是观之；曲园之性说，乃自政治教育之功利见地上以立言也。

三　结论

荀子出于周末，唱性恶一元的伦理说，后儒非之者多，绝无一人左袒之者；隔千九百余年后，曲园独毅然赞同之，不可谓非隔世之知音也。近代西洋之利己说，实即与性恶说，同一见地；而在我国，则古今来惟有荀俞二氏，主张此说耳。曲园当清代诸儒醉心于程朱糟粕之际，独不肯盲从，而排斥宋明以下诸大家，遥应荀子，不可谓非卓见，岂得谓其好奇乎？然曲园始终尊崇孔子，其辨性与才曰："性恶者，才可为善可为恶者也。"惜于性与才之关系，尚未有彻底之解释。以此说比较孟子之性情才皆善说，固大不同；以之比较荀子之天性恶人为善之说，则曲园之辨析性与才，有加一层阐明之功。以图解之如下：

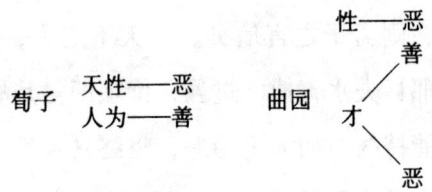

依吾人今日之见，究竟古来性善性恶二说，孰近真理？则答曰两者不过各含一部分之真理，而未完全者也。盖性之本体浑然，无所谓善恶；善恶者，其后起之作用也。各就作用之一面，以认本体，而执为善为恶之说，是不免见其一不见其二；故以孔子言"性相近，习相远"，最为适当。若执其一偏，而互相诋排，恰如执著爱己主义、爱他主义，各偏于一方相似。然在儒家之立场，惟以性善说为最正，故古来无数学者，罔不欢迎孟子；独有曲园敢于千百余年后，阐发荀子之说，其自由研究之精神，有足多者。

曲园曾主讲浙江诂经精舍,有大弟子曰孙诒让,卓然为考证学之殿将,其造诣之精,几驾乎乾嘉诸大师之上;特附述之。

孙诒让,字仲容,浙江瑞安人,太仆衣言之子。少好六艺古文,太仆讽之,使为经世致远之学。诒让谓"先汉诸黎献,风义矙然,经训固未尝不可通于治也"。太仆乃授以《周官经》,其后作《周礼正义》,实自此始。年二十,中同治丁卯乡试,援例得主事。从父官江宁,与德清戴望,仪征刘寿曾等游,学益进。

从来治经者,以《礼》为最难。诒让则独长于礼,所著《周礼正义》八十六卷,宏深精博,冠绝古今。又著《古籀拾遗》三卷,以金石文字,辨正六书。兼推阐古人造字之精意,成《名原》二卷。又辨析龟甲,成《契文举例》二卷。又以《墨子》脱误乖舛,几不可读,乃集合诸家校本,一依小学形声通假之例,逐加诠释,成《墨子间诂》十五卷;今人得以通墨子者,端赖此书。此外著述甚多,大抵不出经学小学范围。诒让诚不愧为清代三百年最后之朴学大师也。光绪三十四年五月(纪元一九〇八),病中风卒,年六十一。

第六章 实用派

第一节 颜 元

一 略传及著书

汪中有"六儒颂"举昆山顾炎武、德清胡渭、宣城梅文鼎、太原阎若璩、元和惠栋、休宁戴震六人。但可与六人并肩齐驱者,更有余姚黄宗羲、衡阳王夫之、无锡顾祖禹、大兴刘献廷皆一世之大儒,除黄、王二子外,余二人称为思想家,当有不类。此外又有颜元其人,倡特异之学说。其学超出"宋明性理学"之范围外,直参孔孟经世之学,欲以谋天下国家之公利。然其内容,不如孔孟之为理想的,而为意志的、努力的及节用公利之点,与墨子极多类似之处。

颜元字浑然,号习斋,直隶博野人。生于明崇祯八年(纪元一六三五)。父讳景,事迹不明,然在习斋幼时,已远往辽东,且在该地再娶。习斋五十岁,曾寻访其父,有银工金某之妻,告以墓所在,祭而归。(《颜氏遗书·年谱》)其生母何时殁,不可得而考。但其幼时养于蠡县刘村朱翁家，备尝贫苦，当是事实。八岁就学，刻苦勉励，异于常人，学业因以日进。稍长，慨国事日非，因研究战守攻取之略。二十一岁时，读《通鉴》，忘寝食。二十四岁，开家塾，教子弟。初著《存知篇》；翌年著《存性篇》；又续著《存学篇》；树立其学说之根本。后又著《存人》、《存治》篇。且躬耕讲学，一世皆仰其人格。康熙四十三年殁（纪元一七〇四），年七十岁。弟子有李塨最著。著作则有《颜氏遗书》，收在《畿辅丛书》中。此外又有合刻之《颜李遗书》。

二　实用主义

颜氏生长穷境，志气强固，行事彻底，诚有墨子当年气象。尝谓"立言，但论是非，不论异同。是则一二人之见，不可易也；非则虽千万人之所同，不随声也。岂惟千万人而已哉！虽千百年同迷之局，我辈亦当以先觉觉后觉，不可附和雷同也"。（《遗书·学问篇》）颜氏见解，与顾黄二子相同，皆有鉴于明季心学之流于放纵，欲矫其弊害，以破斥空疏之学。但黄子虽戒"王学"末流之空疏，而未尝认"王学"为非；顾子虽斥"明学"为非，而未尝攻及宋学；颜氏则不然，彼于宋之理学，明之心学，一概排斥，以为此种学问，要为纸上之空论，无益于躬行实践。孔子教人学六艺，不是口头之学，是率弟子实地练习，然后各就所得而为体验之谈，此实得之体验，即孔子之教导也。故孔子之弟子，皆能应用其学，为当时社会有用人才。若如近世之性理学，毫无体验，仅口头学问，直是佛性论之剽窃，佛家所谓幻觉之性，实一种死学，究何所益。故学宜以实用为旨，而教科则宜以《周礼》乡三物为归，如是则死学庶可变为活学。

　　仆妄谓性命之理，不可讲也；虽讲，人亦不能听也；虽听，人亦不能醒也；虽醒，人亦不能行也。所可得而共讲之，共听之，共醒之，共行之者，性命之作用，如《诗》、《书》六艺而已。即《诗》、《书》六艺，亦非徒列坐讲听，要惟一讲即教习，习至难处，来问，方再与讲，讲之功有限，习之功无已。孔子惟与弟子，今日习礼，明日习射，间有可与言性命，亦因其自悟已深，方与言。盖性命非可言传也，不特不讲而已也。（《遗书·存学篇》）

又谓程朱由理气说明性之善恶，要为根于释氏"六贼之说"而然。若孔孟之言性，则合于身而言之。盖有物斯有则，放形而言性，不自觉其陷于抽象的佛说也。彼云：

尧舜周孔之言性也，合身言之，故曰有物有则。尧舜性之，汤武身之，尧舜率性而出，身之所行，皆性也；汤武修身以复性，据性之形以治性也。孔门后惟孟子见及此，故曰"形色天性，惟圣人然后可以践形"。形，性之形也；性，形之性也；舍形则无性矣，舍性亦无形矣。（下略）（《遗书》卷一《存人篇》）

颜氏为实用主义之学者，此种批难，自是必然之结论。但彼之学说，缺于思辨，不足以破程朱之壁垒，此是其长处，亦是其短处也。《年谱》中载习斋曾习"程朱学"，及南游时，与诸学者交，见人人禅子，家家虚文，直与孔门敌对。于是懔然悟程朱之学为非，以为必破一分程朱，始可近一分孔孟；乃判定程朱与孔孟，截然两途。于是脱出心斋坐忘之非，而以实践事功为学。其对于宋明性理学之反动，恰与先秦墨子，对于当时儒者，忘却孔子本旨，徒拘于繁文缛礼之末节，起而一洗其弊害者正同。二人虽相去数千年，确是绝好对照，故颜氏又确是一个革新的思想家。尝谓"人之岁月精神有限，诵说中度一日，便习行中错一日，纸墨上多一分，便身世上少一分"。（《存学篇》）又谓"静闲而久爱空谈之学，必至厌事；厌事必至废事，遇事即茫然。故误人才败天下者，宋学也"。(《年谱》下)此数语即彼之中心思想。盖彼以为学必兼实用,立足于实用主义上,论旨堂堂,毫不暧昧,极类墨子而更痛切。彼以为人之认读书为学者,固非孔子之学;以读书之学解书,并非孔子之书。

孔子是主张做事,主张为做事而读书,除却做事,即无所谓学问。故其教弟子,以《周礼》大司徒乡三物为中心:一曰六德,知、仁、圣、义、忠、和。二曰六行,孝、友、睦、姻、任、恤。三曰六艺,礼、乐、射、御、书、数。而尤重六艺,务使弟子熟习其一,以养成实务人才。彼二十二岁时,为贫而学医,学成后,率弟子躬耕以自活,此点又与墨子相同。而"生存一日,当为生民办事一日"之标语,又与现代"劳动神圣,不工作则不得生活"之社会主义之思想相同;此点亦似墨子。在此意味上,可知彼极端反对宋明思辩之学,而主张实践,是以活学代死学者也。

三 政策论

颜氏谓吾用力农事,不遑食寝,邪妄之念,亦自不起,若用十分心力,时时往天理上做,则人欲何自主哉!信乎力行近乎仁也。(《年谱》上)

颜氏重实利实行,且以劳动为神圣,故对于世之徒食懒惰者,极为厌恶。社会上贫富不均之问题,亦曾用力研究;故于社会政策,主张用周朝之制度"井田法",及汉以后之"屯田制"。彼以为社会之病源,大多数生民之涂炭,要由于"富者兼并"而成。略述其《井田论》、《屯田论》如下:

颜氏当时,富之增殖,大部分是依于地力,经济上之问题,与土地问题,关系最切。然自周代井田法破坏以来,土地变成私有制,人口相伴而繁殖,富力日趋于垄断。此反比例之所及,土地遂次第为少数之贵族富豪所兼并,社会上可憎可悲之现象,殆无法挽救;要皆由于富之兼并,及井田制破坏之故。当二千余年之前,曾虑及土地之兼并,欲复活古代井田之制，孟子曾主张之。盖土地本是天与，所谓天惠之物，决非一人所得而私有。人之初生，本赤裸裸无一物；何以小部分之人，当终身温饱荣华，而大多数之人，转呻吟于困苦穷乏之中，至于老死，此果出于天意乎？君主，民之父母也；倘一子生而为富民，他数子生而为贫民，为父母者其能坐视，而不力图改偏救正乎！为君主者如此，则其治道，犹可说合于王道顺于人情乎！故土地之私有，自当禁止，齐私田而一租税，方是正道。

>天地间田，宜天地间人共享之，若顺彼富民之心，即尽万人之产而给一人，所不厌也。王道之顺人情，固如是乎！况一人而数十百顷，或数十百人而不一顷，为父母者，使一子富而诸子贫可乎！……况今荒废之地，至十之二三，垦而井之，移流离无告之民，给牛种而耕焉，田自更余耳。（《遗书·存治篇》）

其次论及兵制，彼谓古时唐有"府兵"，明有"卫制"，然能维持其兵力，亦惟限于创业之初；过此以后，则将只知营私，流于偷惰；士卒等于鼠贼，临阵未遇敌，而先已鸟兽散矣。其弊皆因兵农分立，兵士与田里，毫不相关，而爱国之精神，遂全失矣。故当复行古之屯田制，寓兵于农。其方法则与井田制，有密切关系；每井中抽调壮丁，于农隙时，选适当之地点，分文武二科训练之；且使之明节义，养成有理解之兵士。其结果一可以富国节用，二可以得爱国死敌之兵。此见解，在经济上、国防上、兵质上，皆可为卓识。且其主张之政策，皆具体立言，与纸上空谈者，迥异其趣。其实用经国之才，确有可表见者也。

四 结论

颜氏之学，皆是切于实用，补救宋明以来学者之缺点，一洗社会之弊风，自是对症之药。而社会上经济上之政论，虽今日犹占极有价值地步。惜当时不能见诸实行，及其弟子李塨一死，其学且至于中绝无闻，可惜也。

第二节 李 塨

一 略传及著书

李塨，字恕谷，别字刚主，直隶蠡县人。生清顺治十六年（纪元一六五九），卒雍正十一年（纪元一七三三），年七十五。塨以父命，师事习斋，尽传其学。康熙三十九年，举于乡。习斋足不出户，不轻交一人。塨则常往来京师，广交天下贤士，如万季野、阎百诗、胡朏明、方灵皋辈，均有往还。时季野负盛名，每开讲习，列坐皆满。一日，众方请季野讲"郊社之礼"。季野则推尊恕谷，请其讲真正圣学。王昆绳才气不可一世，自与塨为友，受其感动，以五十六岁老名士，亲拜习斋之门为弟子，遂为习斋学派下有力人物。故此派虽创自习斋，实得恕谷，然后完成者也。习斋律己待人，一律严峻；恕谷则谓交友须令可亲，方能收罗人才，广济天下。习斋取与不苟，主张非其力不食；恕谷则主通功易事。习斋排斥读书；恕谷则谓礼、乐、射、御、书、数等，有时非赖考证不明，故书本上学问，亦不可废。此皆对于其师补偏救弊之处，然学术大本所在，则未尝有出入。塨有友曰郭金汤，作桐乡知县；杨勤为陕西富平县令，均先后聘塨人幕。塨曰："学施于民物，在人犹在己也。"欣然前往，郭、杨用塨言，政教大行。但李光地，为直隶巡抚，招之不往；年羹尧开府西陲，两次来聘，皆以疾辞。习斋生平不著书，今传者惟《四书正误》、《习斋余记》并《存学》、《存性》、《存治》、《存人》四篇。恕谷亦尚躬行，不喜空文著述。晚年因问道者众，乃著《小学稽业》五卷，《大学辨业》四卷，《圣经学规纂》二卷，《论学》二卷，《周易传注》七卷，《诗经传注》八卷，《春秋传注》四卷，《论语传注》

二卷，大学、中庸《传注》各一卷，《传注问》四卷，《经说》六卷，《学礼录》四卷，《学乐录》二卷，《拟太平策》一卷，《田赋考辨》、《宗庙考辨》、《禘祫考辨》各一卷，《阅史郄视》五卷，《恕谷文集》十三卷。其门人冯辰、刘调赞共纂《恕谷先生年谱》四卷。同治中，德清戴望，撮取颜李之说，为《颜李学记》。近东海徐氏，汇刻《颜李遗书》。又命其门客为颜、李《语要》各一卷；《颜李师承记》九卷。

二　学说

颜李之学，见识之高，胆量之大，古今殆未有其匹。自汉以来，二千年所有学术，均为彼所否认。彼反对读书是学问，尤反对注释古书是学问，乃至反对讲说是学问，反对明心见性是学问，如此自汉以来二千余年之学问，不几全部推翻耶！

塨尝云："读书久则喜静恶烦，而心则板滞迂腐；故予人以口实，曰'白面书生'，曰'书生无用'，曰'林间咳嗽病猕猴'，世人犹谓读书可以养身心，误哉！颜先生所谓读书人率皆如妇人女子，以识则户隙窥人，以力则不能胜一匹雏也。"又云：

> 后世行与学离，学与政离。宋后二氏学兴，儒者浸淫其说，静坐内视，论性谈天，与孔子之言，一一乖反。至于扶危定倾，大经大法，则拱手张目，授其柄于武入俗士。当明季世，朝庙无一可倚之人，坐大司马堂，批点《左传》；敌兵临城，赋诗进讲；觉建功立名，俱是琐屑。日夜喘息著书，曰：此传世业也。卒至天下鱼烂河决，生民涂炭，乌呼！谁生厉阶哉！（《恕谷文集·与方灵皋书》）

第七章　和会儒释派

第一节　彭绍升　附汪缙罗有高

一　略传及著书

当汉学风靡天下之际，学者均不肯道宋学，更不敢讲佛学。乃有彭绍升其人，竟由儒入释，不效宋儒之阳儒阴佛，直捷了当，自成和会儒释一派，不可谓非豪杰之士也。绍升，字尺木，又字允初，法名际清，号知归子，长洲人。世为儒，父兄皆以文学官于朝。绍升年二十余，治先儒书，以明先王之道为己任，兼通晦庵、象山、阳明、梁溪之学说，治古文，出入韩李欧曾。以乾隆三十四年，成进士，选知县，不就而归。既而专心净土，尤推重莲池憨山，竭力宏扬佛教。年二十九，即断肉食。又五年，受菩萨戒，自此不近妇人。尝言志在西方，行在《梵纲》。晚岁，屏居僧合者十余载，日有课程，虽病不辍。卒于嘉庆元年（纪元一七九六），年五十七。

著书有《一乘决疑论》，以通儒释之阂；著《华念佛三昧论》，以释禅净之净；又著《净土三经新论》。此外有《居士传》、《善女人传》、《净土圣贤录》，皆为世传诵。绍升之文集，专阐扬内典者，为《一行居集》；讲论外典者，为《二林居集》。

二　学行

绍升尝曰："吾于观艮二卦，见圣人之心法焉。《诗》曰：穆穆文王，于缉熙敬止。缉熙者，观也；敬止者，艮也。乾知大始，其观之所从出乎！坤作成物，其艮之所自成乎！是故观艮者，乾坤之门户也。《论语》体之为学识，《中庸》标之为明诚，千圣复生，无以易此矣。"（《二林居集·读易》）是明明以天台之止观通《易》也。又曰："知至云者，外观其物，物无其物，是谓物格。内观其意，意无其意，是谓意诚。进观其心，心无其心，是谓心正。由是以身还身，以家还家，以国还国，以天下还天下，不役其心，不动于意，不淆于物，是谓身修家齐国治天下平。"（《二林居集·读古本〈大学〉》）此则以华严之理事无碍通《大学》也。绍升不但究心教理，而且笃修净土，名其居曰二林；一梁溪之东林，为高攀龙讲学之所；一庐山之东林，为释慧远结白莲社之处，莲社实我国净土开宗，故绍升托意于是，明其世间法则有取于梁溪，出世法则有取庐山也。夫自宋明以来，儒者讲学，殆无不参用佛说，而表面则又辟佛，且其所窃取者，大率禅宗，禅宗末流，大率口头参究而缺少行持，明季莲池大师（袾宏）住持云栖，欲挽其弊风，极力提倡净土之教，以实行矫正之，于是云栖之远绍庐山，一时称盛。绍升既不蹈宋明儒者之旧辙，且由儒归禅，由禅归净，提倡实行，更不蹈禅宗之旧辙；其特立独行之概，有足多者。然戴东原则极不以为然，谓其诬孔孟，亦兼诬程朱。（《东原集·答彭进士允初书》）考证家之眼光，当然如是。

汪缙，字大绅，号爱庐，休宁人。居吴，终于诸生。罗有高名台山，号尊闻居士，江西瑞金人，乾隆三十年举人。绍升叙《汪子文录》云"予年二十余，始有志于学，其端实自汪子大绅发之"；又谓："予之于汪子之言也，一以为创获，一以为固然，其不合者希矣。持以示人，人莫测其所谓，独罗子台山，见而识之曰：是无师智之所流也。汪子既乐与余言，及见台山而大乐，遂乐与台山言，又乐与余言台山，其言台山也，不独赞叹而已，诋诃笑谑，无不有也。其于予也亦然，时或与台山言予，诋诃笑谑，无弗有也。"（《二林居集》）是知三人为学之途径，大率相同，其交谊之深，又可想见。惟大绅卒于乾隆五十七年（纪元一七九二），年六十八。台山卒于乾隆四十四年（纪元一七七九），年四十六。皆在绍升之前。

大绅曾以《易》理，融贯净土曰："众生本来成佛，必以净土为归者，何也？则以阿弥陀佛，为万佛之师，《易》所谓大哉乾元；净土为阿弥陀佛所摄，《易》所谓至哉坤元也；乾坤合撰，万物之所以资始资生也。身土交融，众生之所以去凡入圣也。"（《汪子文录·读净土三经私记叙》）

有高有云："物之争也以我，其忘争也以无我，我也者，器之景，昧性而妄有执者也。"（《尊闻居士集》）此则有取于释氏身器之说，而其《无量寿经起信论叙》，则亦极赞净土功德。

要之此三人者，志同道合，其始皆有用世之心，后皆由儒入佛，且皆笃修净土，表里如一，其学行远过于宋明儒者之矫饰，故能自成一派，开后世居士之风，于思想上有重大影响。

第八章 公羊学派

第一节 公羊学派之渊源

清末时,勃兴一大思潮,与西洋民主思想携手,以鼓吹共和革命之精神,遂为"辛亥革命"之大动力者,厥惟"公羊学派"。此派之思想,与现今所谓"社会哲学"相类。求之于古,则墨法二家,颇多相通之处。

此学派发生之动机,最初是因于考证学之途穷,无发展之余地。学界才智之士,欲打破多年之因袭,另辟一新境地;其结果,遂发见西汉之"今文学",再转而包容内外之民主思想,应用于实际,遂为社会革命之工具;民国共和之成功,此派之先驱鼓吹,极有关系。然革命成功之后,此学派已无人问及,盖斯学初不过一时利用之工具,宜其有此现象也。

自顾炎武惠士奇诸人,鉴于明学之空疏,提倡考证学以来,六朝唐学之复古,渐成风尚。其中有阎若璩著《古文尚书疏证》,明断"《古文尚书》"为王肃伪作。学者遂并疑肃以下六朝之注疏,而信马融郑玄之学，力求复于东汉。士奇之子栋，即是"东汉古文学"之中坚。乾隆嘉庆以来，"东汉注疏学"，达于全盛时期。研究愈进步，又发现新事实，觉此古文学，乃是刘歆媚事王莽，立为官学，而自任校纂之职者，当然不能认为足信之经典，而真正之经典，不能不求于西汉之"今文"，于是"今文学派"遂勃兴。但是西汉十四博士之今文经传，在西汉末年，已为当时流行之古文经传所压倒。今文学衰灭之原因，未必如现代公羊学派所说，全由于东汉伪古文之出现。盖西汉今文学者，率皆秦代旧儒，其思想多方士化，有神秘迷信的倾向，谓为得经传之正统，自不可能。而古文学派之大师，如服虔马融郑玄等，皆是一代名儒；其中如郑玄，尤为淹博；董仲舒何休之主观的理想主义之今文派，决非其敌手。况后来晋代之杜预王肃等，又皆承古文学之绪，西汉之经传，至此遂归堙灭。及唐孔颖达作《十三经注疏》，又悉遵东汉之古文学；一蹶不振之今文学派，仅何休注之《公羊传》，尚流行于世，保其一缕之命脉。何注虽有徐彦之为之疏，然徐疏对于何义，别无发明。何之本色，全然保存。故清代公羊学派，专力何休之注，遂于何之暗示及预言之处，感一种趣味；加以润色，欲更创一新生命，此即"公羊学派"之起源，何休之注，为此派惟一之根据。

《春秋》一书，经孔子生平之精力，笔削而成。其经传之流于后世者，有《左氏》、《公羊》、《穀梁》三种：汉初盛行《公羊》学，宣元之间，兼立《穀梁》学官，《左传》至西汉末始出世，东汉时方大行于世。《公羊传》自孔门子夏之学统，而传于公羊高，其所以盛行于西汉者，因其笔法有大一统寓尊王之意；且其"西狩获麟"之解释中，有"制春秋之义以俟后圣"之言；汉初公羊派学者，谓此圣人即指汉高祖，因而张皇其说，其书遂大行于世。《左氏传》所以流行于东汉，说者谓因此书昭公二十九年之纪事中，有帝尧之子孙刘累为御龙氏一节记事，刘氏是帝尧之后裔，由此得以证明之故。但此说未必确实，盖刘累之记事，在西汉时已有人奏闻，当时并未弃《公羊》而用《左传》，而谓东汉反因此而有变更，其说自不能成立也。以事实言，殆是学派争持之结果，优胜劣败自然之淘汰。盖西汉末古今文之争，初不仅限于《公羊》与《左氏》，其他五经全体皆如是，东汉初古文学全盛，左氏传之压倒《公羊传》，自是意中事也。自此以后，《公羊传》束之高阁，仅有唐朝之啖助，宋朝之孙明复，曾为之解释。（《春秋尊王发微》十二卷，孙明复著，收在《通志堂经解》中。）至清朝则因考证学兴，自惠栋一派之汉学者，经戴段二王尽力发展之后，东汉之注疏学，吸收尽净；故方向一转，武进之庄存与，遂注目及于公羊学；同县有刘逢禄，又加以发挥。彼等之主张，大致亦以为东汉古文学，是郑玄之一家言；西汉之今文学，则确有师承，源出上古，欲得先王之真精神，必于此著眼方可。且从来之考证学，惟以名物训诂为主，而于古书之大义，常忽视之；可见彼等之学，全属部分的研究；而非全体之思想。故求学之精神，当改变其方向，必以探索古书之微言大义为的，此《公羊传》之所以可贵也。此派说"公羊学"是经义主张之学，"考证学"是经义疏通之学。

于此中有当注意之问题，即"公羊学派"之主张，与《公羊传》并不相同。《公羊传》是孔门子夏之弟子公羊高所作之春秋传，其传注是东汉何休之解释，庄刘诸人，对于此传之研究，所谓公羊学派也。在理后者当附承前者，但事实上所谓"微言大义"，两无关系。详言之：《公羊传注》中，有许多奇怪之处，而《公羊传》则惟说孔子之尊王大义而止。例如隐公"元年春，王正月"，《传》文曰："王者孰谓？谓文王也；曷为先言王而后言正月？王正月也；曷言乎王正月？大一统也。"明言奉周王正朔，以示尊王大义。然何休解此传文，则谓文王是新受天命而为王，《春秋》是新受命而作王法之书，文王是假名，其实是指鲁王，如此附会，与传义殆无关涉。庄刘等又踵其说，而力求新解；存与著《春秋正辞》十三卷，逢禄著《公羊何氏释例》十卷，所谓"张三世"、"通三统"、"绌周王鲁"、"受命改制"诸义，更次第衍出。此种解释，固然在西汉董仲舒之《春秋繁露》中，已发其端；董是有名之神秘家，其说继承何休，及庄刘等之解《公羊》，亦是何休之说，与《公羊传》本身，均无关系。晚近又有龚自珍其人，与"公羊学派"以绝大影响。自珍是段玉裁之外孙，初在段处治训诂学，其才性不羁，不修细行，有诗人之风，喜今文，时引其义，以讥讽时政，排斥专制政治。且文辞瑰丽，一时初学者，大受其冲动。（有《文集》十卷，《诗词》四卷）又有魏源，学公羊于刘逢禄，亦张其说，与龚齐名。"今文学"遂由此渐达于隆盛。

是时学者，知郑玄、马融、许慎等之"古文学"，不足以尽"汉学"；同时辑佚之学亦盛行，搜集古经说之片言只字，不遗余力，又以今文派家法，扩大其范围，研究及于他经，古今之文分野，至此遂益明显。如冯登府之《三家诗异文疏证》二卷，陈寿祺之《尚书大传注》，陈乔枞之《今文尚书经说考》三十六卷，《尚书欧阳夏侯遗说考》一卷，《三家诗遗说考》五十卷，《齐诗翼氏学疏证》二卷，陆续出世；既攻究今文之遗说，复论其家法之异同。魏源著《诗古微》十七卷认"毛传"及"大小序"，皆为晚出之伪作；又著《书古微》十二卷赞同阎若璩之说，认《古文尚书》，为东晋晚出之伪作；更断言东汉马融郑玄等之古文说，亦非孔安国所传之旧本。辞既博辨，对于古文学之攻击，为力甚大。同时邵懿辰亦著《礼经通论》一卷，谓"《仪礼》十七篇"，本是足本，"《古文逸礼》三十九篇"，乃刘歆之伪作。又在魏源以前，刘逢禄曾著《左氏春秋考证》二卷，谓《左氏春秋》与《晏子春秋》、《吕氏春秋》等，同一性质，所谓记事之书，并非解经之书。于是《诗》、《书》、《左氏传》、《逸礼》等，凡西汉末刘歆所力争而立学官之"古文经传"，至此皆变成可疑之书。

以上，是今文家竭其研究之精力，所得之成绩，其中可取之点，固然不少。至王闿运、廖平时，其势更张，及康有为其学遂至于大成。

第二节　公羊学派之内容

据何休注公羊之例，《春秋》中有"五始"、(元者，气之始；春者，四时之始；王者，受命之始；正月者，政教之始；公即位者，一国之始)"三科"、"九旨"、"七等"、(州、国、氏、人、名、字、子)"六辅"、(公辅天子、卿辅公、大夫辅卿、士辅大夫、京师辅君、诸夏辅京师)"二类"(人事、灾异)等条例。孔子之理想，即示在此等条例中。公羊家则尤重"三科"、"九旨"，奉为金科玉律。此二条孔广森在其所著《公羊通义》之叙文中，亦解释之。但与何休之说，则全不同。现在专论何说，则其所谓"三科"、"九旨"者如下：

> 新周故宋(殷微子所封之国)以春秋当新王(鲁)是一科三旨也。(通三统之意思)所见异辞，所闻异辞，所传闻疑辞，是二科六旨也。内其国而外诸夏，内诸夏而外夷狄，是三科九旨也。

何说如是，其中实只三科八旨，想何氏遗漏内外(夷夏)合一一科，兹就"公羊学"中诸要点，简单说明之如次：

(一)通三统　此思想是继承前汉董仲舒之《春秋繁露》而来，谓新王受天命，行其革命时，一面改正朔，易服色，变礼乐，以一新天下之耳目。同时封前二王之子孙，存其王号，合新王为三王。如是则谓之"通三统"。此三王再以前二代之王并合之，则称五帝。更溯而上，则称九皇。但三统之义，要专指新，旧，旧旧，三代而言；其意惟优待与新王相接近之前二代；愈溯及古，则待遇当愈薄。(《春秋繁露》中《三代改制质文篇》崔适《春秋复始》九卷参考。)

(二)张三世　即所谓所见异辞，所闻异辞，所传闻异辞三者；其记事出于"隐公元年"、"桓公二年"、"哀公十四年"等传中。何休解释此传曰：

> 所见者，谓昭、定、哀、己与父时事也；所闻者，谓文、宣、成、襄、王父时事也；所传闻者，谓隐、桓、庄、闵、僖、高祖曾祖时事也。异辞者，见恩有厚薄，义有深浅，时恩衰义缺，将以理人伦序人类，因制治乱之法。故于所见之世，恩已与父之臣尤深，大夫卒，有罪无罪，皆日录之，丙申，季孙隐如卒，是也。于所闻之世，王父之臣，恩少杀，大夫卒，无罪者日录，有罪者不日，略之，叔孙得臣卒，是也。于所传闻之世，高祖曾祖之臣，恩浅，大夫卒，有罪无罪，皆不日，略之也，公子益师（无罪而不日）无骇卒（有罪而不日），是也。于所传闻之世，见治起于衰乱之中，用心尚粗粗，故内其国而外诸夏，先详内而后治外，录大略小，内小恶书，外小恶不书，大国有大夫，小国略称人，内离会书，外离会不书，是也。于所闻之世，见治升平，内诸夏而外夷狄，书外离会，小国有大夫，宣十一年秋，晋侯会狄于攒函；襄二十三年夏，邾娄鼻我来奔，是也。至所见之世，著治大平，夷狄进至于爵，天下远近小大若一，用心尤深而详，故崇仁义，讥二名，晋魏曼多，仲孙何忌，是也。

意谓《公羊传》对于《春秋》十二公，二百四十二年间之事之书法，全以孔子见、闻、传闻之三时代为标准，虽同一事件，而书辞各异。至于"异辞"之理由，则因君臣之恩义，依孔子之见、闻、传闻三时代之关系，有厚薄深浅之分，故记录有详有略，异辞之意义如是。

何休此种解释，得当与否？姑且不论。但"公羊学派"以此"三世异辞"之说，一转而看作社会进步之过程，诚属创见，其根本思想，亦在此点。"公羊学家"以为孔子"传闻之世"（孔子之高祖曾祖时代），是"据乱之世"；所闻之世（祖父时代），是"升平之世"；"所见之世"，是"太平之世"，而所以为"太平"之故，则是因孔子出世而然。此外更加入"不异内外"之说，以发挥大同之精神。是盖根据于何休之说，以为在据乱之世，内其国而外诸夏，升平之世，内诸夏而外夷狄，太平之世，则夷狄进于爵，夷夏合一，天下行一统之治，万民享平等之乐，此为孔子之社会观，理想观，孔子一生，以此太平大同之精神为始终，且本此以从事于教化。盖孔子之社会进步之法式，是由近而远，由亲而疏，远近亲疏之过程，即其社会观所由形成者也。

原来《公羊传》中，"春秋内其国而外诸夏，内诸夏而外夷狄"之言，其意不过是说春秋之书法，有此二种，与"公羊学派"之"三世说"，初无关系，要之此说类似汉世谶纬家言，不免牵强附会。例如传闻之世，虽确是"据乱之世"，然有齐桓晋文之翼戴周室，较胜于所闻所见之世，所闻之世。决不是升平，乱臣贼子，且多于前。所见之世，更不能说是"太平"，一内外统夷夏之事实，在昭定哀时，决不能发见，苟一读《春秋》，即知此言之无据也。

（三）绌周王鲁　见上第一节"公羊学派之渊源"内。

（四）西狩获麟　《公羊传》说："麟，仁兽也；有王者则至，无王者则不至，有以告者，曰：有麕而角者。孔子曰：孰为来哉！孰为来哉！反袂拭面，涕沾袍。"在公羊高之意，孔子此言，是叹周室衰微之意，向来治经者，亦皆如此解释。但公羊学家，则谓"世无王者而麟出现，是希望王者出现之意"。何休且谓"孔子预知汉之代秦，又知有六国之乱，及秦楚驱除之祸，民之罹害者久而泣也"。其专为汉朝立说，及囿于当时预言之思想，殆可不烦言而解。

（五）受命改制　此是说孔子虽不得在王者之位而行政事，但以素王自任。《传》中"隐公元年春王正月"之王，即指文德之王（孔子），而言。"西狩获麟"之记事，则指孔子预知后世汉朝之当兴，于是预为之制法。《论语·为政篇》中子张与孔子之问答,及《卫灵公》篇中颜渊问为邦二条,公羊家引以为证,谓为微言大旨。然此解释之牵强附会,亦自不待说。子张问十世可知也?孔子曰:"殷因于夏礼,所损益,可知也;周因于殷礼,所损益,可知也;其或继周者,虽百世可知也。"孔子此言,是说易姓革命之事不可免,但小处可以损益,伦理纲常之大旨,则初不可动;固无革命及改革制度之意。"公羊学派"则始终取孔子之言,从抽象方面,认作孔子之微言大旨,以为孔子是素王,是预言者,是共和革新主义之人。又说孔子不仅于《春秋》说改制,即《论语》、《礼记》之记事中。亦改过周礼依殷礼。可见孔子不仅创理论的改制说,即实行之精神,亦如是也。

(六)春秋大九世之仇　此思想在清末革命,揭兴汉排满之大旆,有绝大影响。其来由则出于庄公四年,齐襄公吞灭纪国一条。此条在经文中:书"纪侯大去其国",于齐未说灭,于纪未说奔。于是《左传》解之为"纪为齐附庸,而奉其社稷,故不曰灭;不见迫逐,故不曰奔;大去,不返之辞也"。《公羊传》则解之曰:"纪侯大去其国,大去者灭也;孰灭之齐灭之?曷为不言齐灭之?为襄公讳也;《春秋》为贤者讳。"至于襄公何以得称贤?则因其九世祖哀公,曾被纪侯之先祖,进谗言,见杀于周。襄公此次灭纪,因为复九世之仇之故。故孔子于《春秋》不书灭,寓赞美襄公之意。谓此种复仇,正是春秋之大义,于是兴汉排满,恰好借题发挥,揭为标帜,士气大为鼓舞,结果遂使清朝退位,革命成功。此思想与其所主张"孔子大同主义"之精神,当根本不相容。今民国要以五族四万万同胞组织之,此思想当然不能适用而消灭矣。

以上是"公羊学派"之大略。大概是推衍孔子"仁"之精神,将自来无人注意之汉族民主大同之说,尽量发挥之。然在学理上,理论与材料,未能十分精炼;主观的独断,与谶纬的强辨极多。若加以科学的精密分析,则其说立见破绽。然此派主张之结果,孔子之真精神,提出不少。数千年来,孔子完全为专制君主所利用,"孔学"变成帝王万世之方便，现在则面目一新，表现出孔子之全体，并显出孔子确为世界的伟人，当是此派之大功。

第三节 康有为

一 略传及著书

公羊学渐次发展，经王闿运、廖平至于康有为时，其思想次第实际化。有为想取孔子大同主义之精神，精密而实证之，于《公羊传》外，更摭拾《礼记》、《孟子》、《论语》中之文，以求充实。谓孔子是怀抱太平大同理想之世界伟人，其在世时，未能实行其改革，因彼是素王手无实权之故。否则必早已断行社会革命，可无疑义。继孔子之正统，具述民主共和之精神者，无过于孟子。孟子书中，以民贼、独夫、授田分产诸义，发挥大同之精神；至于荀子，则严君臣上下之分，要为小儒之魁。然孟子民主的言论，或有感于当时君主之自利主义而发；康氏一派，则利用之以为变法自强社会革命之理想，欲借此出于直接行动。其弟子陈千秋、梁启超等，则又取最足表现孟子之精神者，如黄宗羲之《明夷待访录》秘密翻印，鼓动天下。后与唐才常等，举义旗于武汉，虽遭失败；实为后来革命之导火线。

公羊学派诸子之目的，既利用此学为鼓吹社会革命之手段，故其学理，不甚充分，且多偏于主观。如欲求永远之价值，则斯学尚宜加以整理方可。

康有为，字广夏，号长素，广东南海人，清文宗咸丰八年（纪元一八五八）生，民国十六年殁（纪元一九二七）。初生时，清室已渐陵夷，绵延十五年之太平天国战争，虽幸得归平定；而生灵之涂炭，财产之损失，则已不可胜数。此战事平定时，有为方七岁，欧洲列强之压迫，日渐紧急；既生于此时代，加以广东南海地方，早与外人接触，人民又富于进取心，康氏在此环境中，自有特殊之表见。

康氏早注目及于西欧之文明。当时欧洲宣教师，所译政治法律方面之书，既有玩读之机会，因此为棹进世界潮流之第一人。又抱非凡之文才，及明快畅达之笔，披沥此种新思想，能使毫无遗憾，天下人心，宜乎大为所鼓舞。

且论列时事，极其痛快。光绪十五年（纪元一八八九），年三十一，以诸生伏阙上书，耸动天下。其时清廷顽固保守，以其改革案，为书生之呓语。康氏于是悄然归故里，开万木草堂学塾，以熏陶学生为事。弟子中如陈千秋梁启超等，皆有才干，文章见识咸卓出，于是渐为世人所注目。不久中日战事又发生，一败涂地，举国失色，而有为之先见，乃成事实。于是二次上书，有名之"变法自强策"，即是此次所作。（前后六次上书，称为公车上书，但此第二次之上书，最为重大。）

因康氏之上书，光绪帝及左右之进步派，始认其变法自强策为重要。光绪二十四年，又值德人占领胶州湾，瓜分之势且成。于是帝召见之，询以天下大计及变法策。康氏感帝之知遇，慷慨以天下自任。惜其谋为袁世凯所泄，入于西太后之耳，保守派复从而挤之，于是全归失败。帝被幽于瀛台，康氏仅以身免，逃至日本。彼之政治的生命，从此终了，而经国之精神，反因此传播，全国有志之士，皆认革新之必要。康氏虽抱太平大同之理想，而于现代，则认为小康之世，尚不可倡大同；苟早倡之，上下必至于纷乱，不可收拾。彼之见解如此，故于"张三世"之解释，与其他"公羊学派"，亦稍有不同。其言曰："凡世有进化，仁有轨道，世之仁有大小，即轨道大小，未至其时，不可强为，孔子非不欲在据乱之世，遽行平等大同戒杀之义，而实不能强也。可行者，乃谓之道，故立此三等，以待世之进化焉。一世之中，又有三世；据乱之中有太平，太平之中有据乱；如仅识族制亲亲，据乱之据乱也；内其国，则据乱之太平矣；中国夷狄如一，太平之据乱也；众生若一，太平之太平也。一世之中有三世，故可推为九世，又可推为八十一世，以至无穷。"

(《孟子微》卷一）康氏盖以社会进化之过程，由三世而九世，由九世而八十世，以进展至于无穷。于其间不容时间之飞跃、躐等之改革。此点与急进派梁谭诸子，大异其趣。然其主张，如梁氏评为"性格奇矫立言矛盾"所致，则亦不尽然。彼之意，要为现代是小康之世，虚器不妨与清朝，止求能行民本的立宪政治可矣。

所著书有《新学伪经考》十四卷、《孟子微》二卷、《春秋笔削大义微言考》十六卷、《孔子改制考》二十一卷。其他未刊书中：尚有《春秋公羊传注》、《大同书》、《孟子大义述》等。

二　社会进化论

闻康氏初学于朱九江，好读《周礼》。后见廖平之著作，始着手研究公羊之大同学。廖平，四川井研人，为王闿运之弟子，其关于今文学方面之著述甚富，有《四益馆经学丛书》行于世。

《新学伪经考》、《春秋笔削大义微言考》、《孟子微》等，是表见康氏学说基础之书，又是彼整理旧学之作。而《大同书》，则为彼之创说，是代表康氏建设方面之作，所以阐明其理想者也。

康氏叙其《伪经考》之表题曰：

> 夫古学所以得名者，以诸经之出于孔壁，写以古文也。夫孔壁既虚，古文亦赝伪而已矣，何古之云？后汉之时，学分古今，既托于孔壁，自以古为尊，此刘歆所以售其欺伪者也。今罪人斯得，旧案肃清，必也正名，无使乱实。歆既饰经佐篡，身为新臣，则经为新学，名义之正，复何辞焉。（《伪经考》卷一）

康氏以如此抱负，乃作"《秦汉六经未尝亡缺考》"以下十四篇，以堂堂正正之词，证明西汉末刘歆力争而立博士官之《周礼》、《逸礼》、

《左传》及《诗毛传》为伪书,每篇附以案语,加以批判。撮其要点:则谓"秦之焚书,未及六经,汉十四博士之所传,皆孔门足本,曾无残缺。西汉之经学,初无古文;其文字,均是秦汉通用之篆书,故经初无今古文之别。但古文学,则以蝌蚪字书之,其伪自足证明。刘歆为弥缝自己作伪之迹,于校理秘书时,曾羼乱一切古书,欲以湮没孔子微言大义之旨,所以绝不足取"。并用该博之考证,以树立其说。(此说未免过于穿凿,刘歆当时,或是得一种善本,因欲取信于人,故托名为古学,此是汉人常用之法)然不拘泥于向来考证家注意一言一句及文章之末节,务扩其眼界,以取得儒教之真精神。故其立说,已超越于考证之外形问题,求得内容的根本所在,此功亦不可殁也。

著此书时,其高弟陈千秋梁启超等,曾涉躐过考证学之人,亦参预之。诸子于书中引例,颇想取一切暧昧之史实,删削之,然康氏主观极强,不采用诸子之意见而博引谶纬家之言,遂犯考证学之大忌,价值因之减损。(梁氏有此说)

继《伪经考》而出版者,是《孔子改制考》。此书证明孔子以素王之身,行改制之事实。关于此点,在六经中独尊《易经》与《春秋》,谓孔子之微言大旨,全在此二书。前者是灵界之书,后者是人界之书,所谓至广大而尽精微,极高明而道中庸者。《春秋》尤为孔子所立之宪法案,孔子盖自立一宗,依其理想,进退古人,取合古籍,决非如后人所想像,仅为编述之作。例如尧舜之盛德大业,是孔子理想上之人格;若真有尧舜其人,其人格决不如经典所载之完全,要为孔子之理想化;如老子之托于黄帝,墨子之托于大禹,许行之托于神农,皆各人拟一理想人物,托诸古人,以立其学说者也。盖孔子亦沿古来之风习,托尧舜为名以行其改制之实者。《上古茫昧无稽考》、《周末诸子并创教考》、《诸子创教改制考》等二十篇中,尽力证明此说。谓孔子为改革者,改制者之一流人,较一般公羊学者,专从抽象方面寻线索者,根据大为确实。又称孔子改制之精神,是"上掩百世下掩百世"社会进步之铁案。

且演绎"张三世"说，以为人类进步之过程，愈改革则愈进化。既证明此原则，因取夏、殷、周三代不同之制度，细加考证，而结论其所以不同之理由，要因于时代而然。又说时代进化之过程，虽是循环的；但立于时世之某过程上，为进化动机所迫促，无论如何，不能免于改革；据以上之学理，彼之政治社会之改革案，遂完全确立。其结果尊孔子为"素王"，为"教主"，且欲以其大同之精神，统一国民精神，以期社会革新之实现。彼以孔子为宗教上之教主，杂引谶纬之言，以实证其说；孔子至此，遂成为神秘化矣。

以上是康氏学说之基础方面，由此基础创出之社会观，则为《大同书》。

《大同书》是康氏从学于朱次琦，毕业之后，独居西樵山两年，专研《公羊》，冥心思索，依其旨义，而创造之新学说。即以《春秋》"三世说"嵌入《礼记·礼运篇》之"天道说"中，引伸其义而成。以《公羊》说之"升平世"配《礼运篇》之"小康"，《公羊》说之"太平世"，配《礼运篇》之"大同"，至于《礼运篇》之大道大同说如下：

> 大道之行也，天下为公，选贤与能，讲信修睦。故人不独亲其亲，不独子其子，使老有所终，壮有所用，幼有所长，矜寡孤独废疾者，皆有所养，男有分，女有归。货恶其弃于地也，不必藏于己；力恶其不出于身也，不必为己。是故谋闭而不兴，盗窃乱贼而不作，故外户而不闭，是谓大同。今大道既隐，天下为家；各亲其亲，各子其子；货力为己；大人世及以为礼。城郭沟池以为固，礼义以为纪：以正君臣，以笃父子，以睦兄弟，以和夫妇；以设制度，以立田里；以贤勇知，以功为己。故谋用是作，而兵由此起。禹汤文武成王周公，由此其选也；此六君子者，未有不谨于礼者也；以著其义，以考其信，著有过，刑（同型）仁讲让，示民有常。如有不由此者，在埶（同

势）者去，众以为殃。是谓小康。(《礼记》卷九)

读此记事，可以知太古之世，别无所谓私有财产，因而无彼我区别，所以为"大同之世"。至禹汤文武成王周公六君子时，始设彼我之差别，立财产私有之制，而制之以礼。故仁让，义信，非常重要，不由此道，虽帝王亦应去位，以免众人之殃；此时代则称为"小康之世"。至于孔子之理想，则在"大同太平之世"。如现代所谓民治主义，儿童公育，老病保险诸问题，以及劳动神圣共产主义，无政府主义等之萌芽，皆含藏于其中。而康氏则更引《公羊》之"三世说"，以作解释。以为正君臣父子之别，严夫妇长幼之序，是孔子之小乘方面；而大同之世，则其大乘方面；其精神，其理想，其教义，全在于此。

于是发挥孔子大同之精神，而定社会改造之方法手段，其纲目如次：

一　无国家，全世界分若干区域，而置一总政府。

二　总政府及区政府，皆由民选。

三　无家族，男女同栖，不得逾一年，届期须易人。

四　妇女妊娠时，入胎教院，产儿入育婴院。

五　按儿童之年龄，入蒙养院，以及各级学校。

六　成年后，依政府之指派，分任农工等生产事业。

七　有病则入养病院，老则入养老院。

八　各区胎教、育婴、蒙养、养病、养老诸院，设备皆期于最完全，使入其中者。皆享最高之娱乐。

九　成年男女，须若干年间，服役于此诸院，恰如现在世界各国之壮丁，皆当服兵役一样。

十　设公共宿舍，公共食堂，其中又设等级，使各按劳作所入，自由享用。

十一　以最严之刑罚，惊戒懒惰。

十二　有学术上之新发明，或在上五院中有特别劳绩之人，得受殊赏。

十三　死则火葬，火葬场之附近，则设肥料工厂。（据梁启超著《清代学术概论》）

《大同书》之梗概如是，全书数十万言，于人生苦乐之根源，善恶之标准，说得至为详密。梁氏又说，此书最大关键，是废灭国家制度，家族制度，及撤废私有财产，而以相互扶助，一视同仁为精神，所以说"佛法出家，求脱苦也，然不如无家之可出"。又曰："私有财产，争乱之源也；无家族，谁复乐于私产？而国家则又必随家族而消灭者也。"康氏之主张与理想如是，内容虽与现代共产主义所言，不甚相殊。然三十余年前，中国尚未发生此种思想；康氏此书，为融合儒道墨三家之汉代学者之著作，其创造力真可谓丰富者已。

三　结论

康氏极端扩张孔子之仁道，其结果使孔子之社会观，变成世界的。自来小儒之偏见，被其订证之处甚多。但是阐明孔子之理想时，资料取合上，有"虽罹愆误亦所不辞"之嫌。彼取之于传文，取之于后人杂纂之《礼记》，又取汉代思想特产之谶纬学，其舛驳之处，难免人之评议。例如《礼记》之《礼运篇》之大同说，明是汉代学者所为，综合老儒墨三家思想而成。孔子之思想，全表现于《论语》之中，常梦周公而不忘，叹美其政事。乃康氏不之取，反以孔子为去礼仪，合人为，爱平等；说太平道之人。谓其是创说，自是另一问题；否则史实昭然，其说不甚可信。据吾人所见，《礼运篇》大同之精神，当是依据老子"无为之治"及墨子"兼爱"之说而成者，从墨子书中引一条以为例，当可以明白。

昔文王之治西土，若日若月，乍光于四方；于西土，不为大国侮小国,不为众庶侮鳏寡,不为暴势夺穑人黍稷狗彘。天屑临文王慈,是以老而无子者,有所得终其寿;连(同鳏)独无兄弟者,有所杂于人生之间;少失其父母者,有所放依而长。(《兼爱中》篇)

墨子借文王之事迹,述其兼爱思想如是;则《礼运》一篇,是同一系统之思想。以此为孔子之本来面目。康氏之强辨,在所不免。要之康氏富于独创,其立言则流于独断与附会,是其缺点也。

第四节 谭嗣同

一 略传及著书

与康梁诸子,同唱变法改制之说,勇往迈进,耸动天下,且以身殉其主义者,厥维谭浏阳。其生如流星,其死甚壮烈,天下志士为所鼓舞,革命之大业,被其播种。

谭嗣同,字复生,号壮飞,湖南浏阳人。生于清穆宗同治四年(纪元一八六五)。父继洵,湖北巡抚,母徐夫人。复生十二岁,即丧母,为父妾所苦,幼时备尝艰辛;然已倜傥有大志,遍涉群籍,以穷其理;又擅文才;且好任侠,喜剑术。弱冠从军新疆,参巡抚刘锦棠幕府,刘大奇其才。其后十年间,往来于直隶、甘肃、新疆、陕西、河南、湖南、江苏、安徽、浙江、台湾诸地,遍交名士,见闻益广。光绪二十一年,三十一岁,访康南海于北平,以南海归广东,不遇,因见梁启超,得闻南海讲学宗旨,及经世之条理,大为倾倒。翌年依父命,就候补知府职,利其闲暇,学佛学于金陵居士杨文会,更大受佛教之影响。已而应湖南巡抚陈宝箴之招,至长沙。时正创办时务学堂,以梁氏主讲席,彼参与其间,与同志黄遵宪、熊希龄、唐才常等,设"南学会"。讲习之余,论究新政，且远及世界各国大势，三湘士风，为之一变。洞庭湖畔，涌起一种澎湃之爱国精神，如李柄寰、林圭、范源廉、蔡锷等，皆时务学堂高才生也。光绪二十四年，帝有革新以定国是之意，召之，遂参新政。然其谋不成，袁世凯外和内叛，帝囚瀛台，南海逃于日本，复生慷慨决心，以为改革必流血，流血者请自我始，遂从容就义，临刑神色自若。著有《仁学》二卷、《文集》三卷、《诗集》一卷、《争议》二卷，收在《全集》中。《仁学》则为其根本思想所在。

二 学说

从《年谱》及其他记事推察之，《仁学》当是彼三十三岁至三十四岁，在长沙时所著。《仁学》之内容，则在卷首《仁学界说》二十七则内说明之。仁是心之体，其本质至善，寂然不动，感而遂通天下之故。仁即是良心，其所本为天理天道，所以生灭，俱为平等。

彼以此仁心为根据，一切社会人类政治道德宗教诸问题，概包含于仁学之下。而于孔子之大同精神，佛耶之慈悲博爱，孟子之君民对立，庄子之绝对自由，乃至法兰西之大革命精神，胥认为仁心之体现；而与此精神相背者，即为异端为邪说。

其论政治，则谓"君统盛，唐虞之后，无可观之政；孔教亡，三代之下，无可读之书"。（《仁学》下）而于黄宗羲之《明夷待访录》，及王船山之《遗书》，则以为近于孔子之意。因为黄之思想，渊源于陆王，王之思想，渊源于周张；而陆王周张，皆出于孟子之学系也。至于程朱及顾炎武之流，乃出荀子之学系，惟知以君权为重之俗儒，鄙不足道。论及君主问题，则曰：

> 生民之初，本无所谓君臣，则皆民也；民不能相治，亦不暇治，于是共举一人为君。夫曰共举之，则非君择民，而民择君也；夫曰共举之，则其分际，又非甚远于民，而不下侪于民

也；夫曰共举之，则因有民而后有君，君末也，民本也；天下无有因末而累及本者，亦岂可因君而累及民哉！夫曰共举之，则且必可共废之；君也者，为民办事者也；臣也者，助办民事者也。（《仁学》下）

谭氏用民主思想，取古来君民关系颠倒之原因，说得非常详细，认君权之扩张，全由于历史的因袭，及曲学小儒，阿附君主之结果。历代之君主，俱是绞民之膏血，竭天下之财物，淫杀天下之美女之独夫；而所谓忠臣者，则为助此种桀纣为虐之鼠辈。然世人犹引为尊贵，用作名教之南针，其愚诚不可及。其中更涉及满洲朝廷，谓其地为秽土，其人为羶种，其俗为胡风；除以武力蹂躏中原之文化外，实毫无何等能力之蛮民。而我华人，对于此种蛮族君主，犹跪拜叩头，尽天下之产，以供其用，而著成其淫杀昏暴，果为何事？如此否定君臣之关系，更以民主共和之政治，为天意天命之所存。政治之原理与精神，要当立脚于万人相互平等之上，以图其共荣共存。此是彼之社会观，亦即其学说之根本。

其次以人类平等爱之精神，批判五伦之内容。谓义、亲、别、序之四伦，乃违反乎平等爱之精神；此四种道德之发生，是强者长者，为一己之自利上所捏造之伦道，用以压迫弱者幼者。故欲立真合天意之纯粹道德，当离于自利而出于无私的动机方可。盖利害关系，是相对的，徒恃君、父、长、贵以压迫臣、子、幼、贱以遂其非之道德，此不足云道德。故孔子亦谓"君君，臣臣，父父，子子"，正是说相对主义之伦道。佛耶两圣，其成道之第一步工夫，首在取此自利的四伦破弃之。三圣所共尊之伦道，止有朋友之一伦；此一伦是万人共通不可不行之大道。（《仁学》下）

此是彼道德论之根本，从彼之人心为仁，人性为善之思想所发生。如此又一转而及于人种国际之问题，则云：欧西白人，仅赖科学一日之长，对于异种，始终逞其鸱枭之欲，虐使其民，以为当然。此不过囿于个人的差别观上之利己心，不知人类平等爱之真理之所致。故本于吾人纯真之思想，不可不力辟外人之物质的利己的迷心，而并采东西文化之长，致万国于平等之太平。此伟大之思想，即《仁学》之根本精神也。

三 结论

谭氏之本领，本在政治，思索方面，是其余力所及，此实时势有以造成之，而其天才，则确是富有思想之人也。彼初好物理学、数学等，继则受种种思想之影响，而尚未达纯熟之域，故立论不免驳杂。但在彼之时代，以彼之年龄，即能直观东西人种之长短，且图东西思想之融合，其慧眼及直觉力之强，真可惊叹。倘能卒其天年，其发展当未可限量。

第五节 梁启超

一 略传及著书

梁启超字卓如，号任公，广东新会人，生于清穆宗同治十二年（纪元一八七三），父名宝瑛，布衣教授终身。启超四五岁时，母氏即授以《四子书》及《诗经》。六岁，父教之，即毕《五经》。九岁，能作文，援笔千言立就。十二岁，补县学生，而父教督极严，一言一动，不少假借，常斥之曰："汝自视乃如常儿乎！"启超终身诵之。后入广州学海堂，治戴、段、二王之学。十七岁，乡试中式。主考李瑞芬，诧为奇才，以其女弟妻之。翌年康有为以布衣上书，不纳。归里，开万木草堂。启超因陈千秋往谒之，一见大服，遂执弟子礼，从学三年。光绪二十年，甲午，中日战起，我国海陆军皆败。时启超客北平，与当时知名之士，提倡变法自强。既而康有为在北平创强学会，启超任会中书记。会事中辍，乃赴上海，主撰《时务报》，著《变法通议》，刊布报端，持论锋锐畅达，唤起国人之注意。丁酉，至湖南，主《时务学堂》讲席，以《民权论》教诸生，多所成就，武则蔡锷，文则范源廉，其尤著也。戊戌，侍郎徐致靖，疏荐启超才可大用。德宗召见之，命办大学堂译书局事务。时德宗锐志维新，信用康有为，启超与谭嗣同、杨深秀、康广仁、林旭、杨锐、刘光第等，均以京卿，参预政务。下令变法，天下耳目一新。在朝顽旧大臣，反对极烈，密奏于西太后，遂兴大狱，谭嗣同等六人，皆被杀，所谓戊戌六君子也。康有为得英人保护，获免。启超乘大岛兵舰，遁日本。自是居东凡十四年，仍办杂志，宣扬变法革新之主张，先后揭载于《清议》、《新民国风》、《新小说》诸报，及《新大陆游记》，国内人士，皆靡然向风焉。迨民国成立三年，熊希龄组阁，启超任司法总长，旋改币制局总裁。迨袁氏谋称帝，启超著《异哉所谓国体问题者》一文，正拟发布，袁氏知之，使人以十万金为其父寿，乞取消是文；启超拒之；因与蔡锷密筹倒袁之策。锷潜返云南，举讨袁义旗。启超则至两粤，辅佐陆荣廷，宣告独立。袁氏遂饮恨以死。此所谓护国之役也。六年，段祺瑞组阁，启超任财政总长。时欧战方殷，启超主张加入协约国，对德奥宣战，改进我国国际地位。欧战告终，启超出游欧洲，所至以中国历来受强邻压迫情状，诉诸世界舆论，著《欧游心影录》记其事。九年，归国。遂不复与闻国政，专以著述讲学为事；任清华学校研究院导师，有终焉之志。曾患便血症，历久而剧，犹扶病著书不辍。十九年（纪元一九三〇），一月，病殁于北平协和医院。年五十有六。所著书，中年类多报章言论，故前后不免矛盾；启超亦自言今日之我，与昨日之我挑战，盖言论随时势为转移，不足怪也。此等文字辑录为《饮冰室文集》。晚年所著，乃纯粹为研究学术之书，有《墨子学案》、《墨经校释》、《清代学术概论》、《先秦政治思想史》、《历史研究法》、《广历史研究法》、《中国近三百年学术史》、《汉书艺文志诸子略考释》、《古书真伪及其年代》、《朱舜水年谱》、《辛稼轩年谱》、《桃花扇传奇考证》等。

二　人生观

梁氏身经患难,遁逃海外,然生平常抱乐观,绝对不作消极态度。迨卧病将死,犹强起侧坐,草成《辛稼轩年谱》。此其人生观之透切,实梁氏一生大受用处,亦其学问事功之出发点也。梁氏尝云:

> 我见我国若全世界过去之圣哲,皆有其不死者存;我见我国若全世界过去之豪杰,皆有其不死者存;我见我国若全世界过去亿兆京垓无量数不可思议之人类,无论智愚贤不肖,皆有其不死者存。……无论为宗教家,为哲理家,为实行教育家,其持论无论若何差异,而其究竟,必有相同之点,曰:"人死而有不死者存"是已。此不死之物,或名之为灵魂,或不名之为灵魂,或语其一局部,或语其全体,实则所指同而所名不同,或所证同而所修不同,此辩争之所由起也。吾今欲假名此物,不举其局义,而举其遍义,故不名曰灵魂,而名曰精神;精神之界说明,然后死学可得而讲也。(《饮冰室文集》卷四十四《余之生死观》)

由上数语观之,梁氏之人生观,已可得其梗概。彼盖深信人生虽幻,而人死而有不死之精神存在,故一生奋斗,至死不倦,皆以此思想为基础。此不死之精神状态,究如何?梁氏又云:

> 佛说以为一切众生,自无始来,有"真如"、"无明"之二种性,在于识藏。而此无明,相熏相习,其业力总体,演为器世间,是即世界也。其个体演为有情世间,即人类及其他六道众生也。以今义释之;则全世界者,全世界人类心理所造成;一社会者,一社会人之心理所造成;个人者,又个人之心理所

造成也。佛说一切万象,悉皆无常,刹那生灭,去而不留;独于其中有一物焉,因果连续,一能生他,他复生一,前波后波,相续不断,而此一物,名曰羯磨。(译名,其义为作业。)……于是乎有因果之律,谓凡造一业,必食其报,无所逃避。人之肉身,所含原质,一死之后,还归四大,固无论已;就其生前,亦既刻刻变易,如川逝水,今日之我,已非故吾,方见为新,交臂已故。……故夫一生数十年间,至幻无常,无可留恋,无可宝贵,其事甚明。而我现在所有行为,此行为者,语其现象,虽复乍起即灭,若无所留,而其性格,常住不灭,因果相续,为我一身及我同类将来生活一切基础。……是故今日我辈一举一动,一言一语,一感一想,而其影象,直刻入此羯磨总体之中,永不消灭。将来我身及我同类,受其影响而食其报。(同上)

又云:我之躯壳,共知必死,且岁月日时,刹那刹那,夫既已死,而我乃从而宝贵之,罄吾心力以为彼谋,愚之愚也。譬之罄吾财产之总额,以庄严轮奂一宿之逆旅,愚之愚也。我所庄严者,当在吾本家;逆旅者何?躯壳是已;本家者何?精神是已。……夫使在精神与躯壳可以两全之时也,则无取夫戕之,固也;而所以养之者,其轻重大小,既当严辨焉。若夫不能两全之时,则宁死其可死者,而毋死其不可死者。死其不可死者,名曰心死。君子曰哀莫大于心死。(同上)

是知梁氏所谓精神不死,实深有得于佛家之教,故能出入生死,而处之泰然。然梁氏虽沉浸于佛说,而于佛教出世之意味,则不受丝毫影响,而纯然为人世主义之学者也。至其所以能取佛氏出世之说,而构成人世的人生观,根本上固然是承受儒家之实用主义,然亦受西洋学说之影响而然。兹引其评德儒《菲斯的人生天职论》(《饮冰室文集》卷五十二)

之语如下：

> 吾身曷为而生于天地间耶？吾侪焉孳孳，蚤作夜思，以度此数十寒暑，果何所求而何所得耶？此大疑问者，吾侪盖久已习焉忘之；虽然，此安可忘者。……此一疑问，实千万年来人类公共未能解决之最大疑问也。……菲斯的之《人生天职论》，即思所以解决此问题；其解决之必为正当与否？吾不敢言，吾信其可以供吾侪之受用而已。……孔子曰："古之学者为己"，自来解释此语者，言人人殊，而菲斯的之说，实能发明之。菲氏谓：吾侪欲自知其天职之所在。则有一义焉，首当确信者，曰：我曷为生？我为我而生；我曷得存？我为我而存；我曷为勤动？我为我而勤动；故人类一切责任，更无所谓对世责任，所有者，唯对我责任而已。所谓我者，有理性之我，有感觉之我，理性为人类所独有，感觉则与其他生物同之，故得名为真我者，唯此理性而已。……故自理性一面言之，其本质诚圆融无碍；就感觉一面言之，则缘受外界种种影响，恒复杂矛盾而不相容；而人类既以有理性为其特征，是宜勿以感觉之我，减理性之我。……以我之良知，别择事理；以我之良能，决定行为。……若是谓之自由意志，谓之独立精神，一切道德律，皆导源于是。我对于我之责任，任此而已。

梁氏评论之云："菲氏所说，与中外诸古哲之教，若无甚异同；而其最鞭辟近里之点，则一曰尊我，二曰体物。盖诸哲言道德之本原，多谓有超乎人类以外者，以为之宰，或称天命，或明自然。……而菲氏之意，则谓即我即天，惟我宜宰制自然，而自然不能宰制我，此其鞭辟人类自重自觉之精神，至有力也。诸哲言修养者，恒以捍物欲为入手之条件；菲氏虽亦不废斯义，然其意以为物欲之利害参平，与其言捍制，毋宁言利用，毋宁言调和；故其为道，既不流于纵，亦不失于觳，此其特征也。前哲言修养者，多以主静立极为根本义，我国宋元以后儒者，益畅斯旨；盖以静为吾性之本体，而动乃其病态，《乐记》所谓人生而静，天之性也；感于物而动，性之欲也。菲氏之说，则谓性乃生物而非死物，故以生生蕃动，为其本来，与《大易》行健不息，《中庸》至诚无息之义相契；故其所标道德律，绝对持进取主义，而不陷于退撄主义，此又其特征也。"梁氏对于菲氏学说，可谓推崇之至。综梁氏一生，无时不持进取主义；实与菲氏之说，处处吻合。可见梁氏之人生观，乃合儒佛之长，而兼承受西方学说者也。

三　社会观

梁氏受严复所译《群学肄言》等书之影响，曾作《说群》一文，登载《时务报》。于个人不能离开人群而独立之理，发挥透切；彼时颇能唤起国人对于社会之认识。梁氏一生服务社会之热诚，亦确能言之而能实践之。尝云：

"生命分为两界，一曰物质界，二曰非物质界；物质界属于幺匿体，个人自私之；非物质界属于拓都体，人人公有之。而拓都体复有大小焉；大拓都通于无量数大千世界，小拓都则家家而有之，族族而有之，国国而有之，社会社会而有之。拓都不死，故吾人之生命，其隶属于最大拓都者皆不死，即隶属于次大又次大乃至最小之拓都者皆不死。"……故死者吾辈之个体也；不死者吾辈之群体也。（《余之生死观》，《饮冰室文集》卷四十四）

梁氏认定吾人个体有死，而群体终不死；我身之在我群，为组成群体之分子；犹之血轮等，为组成我身之分子；血轮必且随时变迁，新陈代谢,以个体之死,期有利于我身;故我身对于我群,亦应生生灭灭,以个体之死,期有利于我群,此人类进化之原则也。此其社会观,颇觉真切;惟其如此,吾人对于社会,自有其天则存焉。故又尝引菲斯的之说云:

> 凡人必与其同类,营共同生活,此正所以自完其本性之作用,实我对于我之一种义务也。……吾人理性之圆满,实现为人类最高之理想,但使人人能向此理想以进行,则理想之成为事实也,自日近。……理想之本质,固万人同一者也;然其程度,则千差万别,人人各以自己所怀之理想之程度,以律他人;见他人程度不如我者,恒欲诱而进之,使与我同化;则不知不觉之间,社会自日迁于善,吾侪对于社会之天职,莫此为大矣。

四 政治观

梁氏生平所发之议论,关于政治方面者,殆居十之五六,彼之政见,自始即与革命党立于反对地位。革命党主种族革命,彼则主张政治革命;革命党主共和政体,彼则因人民程度太低,主必先经过开明专制,再进乎君主立宪。当梁氏遁迹日本,办理《新民丛报》时,革命党亦办《民报》,双方论锋交战,亘半载而不息,以致国内向日之信仰梁氏者,亦疑梁氏带有保皇党臭味,故反对种族革命,反对共和政体,渐次失其信仰;甚或加以唾骂。然梁氏深知国民程度不及,本其研究之学理,始终持论不移。迨辛亥革命告成,彼犹主张虚君共和之制以调剂之。而袁氏称帝时,梁氏之议论,则以为君主之招牌,既已投之粪秽,决不可重行竖起,乃积极反对之,可知梁氏之政论,在学理方面,实有见到之处,不能谓为绝无价值也。其所著《开明专制论》有云:

> 中国今日,固号称专制君主国也;于此而欲易以共和立宪

制,则必先以革命,然革命决非能得共和而反以得专制。……故持革命论者,如其假共和立宪之美名,以为护符,毋宁简易直捷以号于众曰:吾欲为刘邦,吾欲为朱元璋,则吾犹壮其志,服其胆,而喜其主义之可以一贯也。而必曰共和焉,共和焉,苟非欺人,必其未尝学问者也。

梁氏更引德人波仑哈克之说,以为证明。

> 波氏曰:共和国者,于人民之上,别无独立之国权者也;故调和各种利害之责任,不得不还求之于人民自己之中。必无使甲之利害,能强压乙之利害,常克互相平等,而自保其权衡;若此者惟富于自治性质,常肯裁抑党见以伸公益之国民,始能行之。若夫数百年卵翼于专制政体之人民,既乏自治之习惯,又不识团体之公益;惟知持各入主义,以各营其私;其在此等之国,破此权衡也最易;既破之后,而欲人民以自力调和平复之,必不可得之数也。其极也,社会险象叠出,民无宁岁,终不得不举其政治上之自由,更委诸一人之手,而自帖耳复为其奴隶,此则民主专制政体之所由生也。(《饮冰室文集》卷二十九)

梁氏此论,原文极长,兹不过举其一节。在今日视之,似其论已极陈旧,不适于时代潮流,然其文中所指国民程度未及格,勉强采用共和制之流弊,民国二十年来,一一见诸事实,若烛照数计,不可谓非先见之明也。即今日之所谓军政训政时期,与开明专制,究有何区别?人民之一切自由,又在何处?吾侪非政论家,固不欲多所论列,梁氏所指为民主专制,抑何其适合也!

五 结论

梁氏之学,虽早年受康有为之影响,而能融合中外,不偏执一见。

康氏则一生提倡孔教，尽忠清室。梁氏则否，虽初亦鼓吹孔教，后见其不合潮流，则不复涉及。戊戌年间，虽与康氏同受清室知遇，而到日本以后，即鼓吹政治革命。其后更与康氏异趋。及护国之役，反对袁氏称帝之文电中，竟有"大言不惭之书生"之语，即暗指康氏而言。世人或讥其背师，然大节所关，梁氏亦不得不尔。晚年则不谈政治，专致力于学术上之供献，有足多者。惜彼自信可活八十岁，竟不永其年，否则学术上之成绩，决不止此，惜哉！

第二编　吸收外来思想之时期

第一章 严复

第一节 略传及著书

严复,字又陵,一字幾道,福建闽侯人。生于清咸丰三年(一八五三)。七岁,始就外傅。同治五年(一八六六),沈宝桢为福建船政大臣,招考子弟,入马江学堂习海军。严复录取第一名。翌年,遂入堂肄业,时年仅十五岁也。十九岁(一八七一)卒业,考列最优等,派为上海建威帆船练习生。后服务于扬武军舰,巡历黄海及日本各口岸。曾至台湾,调查生番与日本渔船启衅情形。二十三岁(一八七五),派赴英国肄业,入格林尼次海军大学。二十七岁,卒业归国。任船政学堂教员。光绪六年(一八八〇),李鸿章经营北洋海军,调严复至天津,为水师学堂总教习。是时科举积习甚深,凡由学堂出身者,多为士大夫所鄙弃。复亦自以不得科举为遗憾,竭力攻求八股文,屡赴福建及顺天乡试,然皆不售。

光绪甲午(一八九四),中日之战,我国海陆军皆败。复深有鉴于我国之贫弱,其根本在于学术,乃专力从事于译述。先译成赫胥黎(T

Huxley）之《天演论》（*Evolution and Ethics*）。我国人从未闻此等学说，是书之出，学者耳目一新。复又撰《原强》、《救亡决论》、《辟韩》诸文，载于天津之《直报》。厥后更译成亚丹斯密（Adam Smith）之《原富》（*An Enquiry into the Nattre and Causes of the Wealth of Nations*）及斯宾塞尔（Herbert Spencer）之《群学肄言》（*Study, of Sociology*）。又在光绪二十三年（一八九七），与同志创办《国闻报》于天津。戊戌（一八九八）年，亦被荐入见。德宗问有新著述否？复以拟《上皇帝万言书》对；未及进而政变作，遂出都反津。《国闻报》亦停刊。更肆力译述，成穆勒约翰（John Stuart Mill）之《群己权界论》（*On Liberty*）。

光绪二十六年，庚子（一九〇〇），义和拳乱作。复仓皇避难，由津至沪，开始译《穆勒名学》（*J. S. Mill A. Systom of Logic*）。二十七年（一九〇二）京师大学堂开办；张伯熙为管学大臣，聘为编译局总纂。曾草一文，近五千言，具论中国教育方针，并条拟新教育行政办法。而甄克思之《社会通诠》（E. Jenks, *History of Politics*），亦于是时译成。光绪三十年，辞编译局事赴沪。厥后译成孟德斯鸠《法意》（Montesquieu, *Espirites des Lois*）及耶芳思《名学浅说》（W. S. Jevons：*Logic*）。光绪三十四年（一九〇八），新设学部，应聘为审定名词馆总纂。在部三年，直至辛亥革命而止。

民国元年（一九一二），袁世凯为总统，聘为北京大学校长，未久，即辞职。自后年老多病。至民国九年（一九二〇），赴福建避冬，气喘时作。十年（一九二一），九月，殁于闽垣，年六十九岁。其生平除译书外，尝有手批之《老子》及《庄子》，《老子》已印行，《庄子》则未卒业也。

第二节　介绍之学说

严氏介绍西哲学说，于我国有重大之影响者，首推《天演论》。此论为十九世纪英国哲学家赫胥黎所作,《赫氏全集》有十二巨册,其第九册名《进化与伦理》,其中之《序论》、《本论》,即严氏所译之《天演论》也。此论译出以后,于是物竞天择优胜劣败等思想,深中于全国学人之脑海,至今犹为人人之口头禅,可见其影响之大矣。兹约举其说如下:

  天运变矣,而有不变者行乎其中;不变惟何?是名天演。以天演为体,而其用有二:曰物竞;曰天择;此万物莫不然,而于有生之类为尤著。物竞者,物争自存也;以一物与物物争,或存或亡,而其效归于天择。天择者,物争焉而独存,则其存也必有其所以存;必有其所得于天之分,自致一己之能,与其所遭值之时与地,及凡周身以外之物力,有其相谋相剂者焉;夫而后独免于亡,而足以自立也。而自其效观之,若是物特为天之所厚,而择焉以存也者,夫是之谓天择。(《天演论上·导言一》)

物竞天择之学说,创于英人达尔文。斯宾塞、赫胥黎等,亦主此说,而略有不同。斯宾塞主张任天为治,赫胥黎则主张以人力胜天。其言云:

  今者欲治道之有功,非与天争胜焉,固不可也;法天行者非也,而避天行者亦非。夫曰与天争胜云者,非谓逆天拂性,而为不祥不顺者也;道在尽物之性,而知所以转害而为功。夫自不知者言之,则以藐尔之人,乃欲与造物争胜,欲取两间之所有,驯扰驾御之,以为吾利,其不自量力而可闵叹,孰逾此者?然溯太古以迄今兹,人治进程,皆以此所胜之多寡为殿最。百年来欧洲所以富强称最者,其故非他,其所胜天行而控制万物前民用者,方之五洲,与夫前古各国,最多故耳。以已事测

将来，吾胜天为治之说，殆无以易也。(《天演论下·进化》)

其次为斯宾塞之婚《群学肄言》；严氏译出后，我国始知有所谓社会学，其影响亦至重大。斯宾塞亦英国人，与达尔文同时。其所著书，名《综合哲学》，共有十卷：一，《第一原理》；二，《生物学原理》；三，《心理学原理》；四，《社会学原理》；五，《伦理学原理》；其第四种，即严氏所译之《群学肄言》也。严氏生平，最佩服斯宾塞，称其书："精辟闳富，为欧洲自有生民以来，无此作也"，可见推崇之极。《群学肄言》自序中有云："其书……饬戒学者，以诚意正心之不易，既已深切著明；而于操枋者一建白措注之间，辄为之穷事变，极末流，使功名之徒，失步变色，俛焉知格物致知之不容已。乃窃念近者吾国以世变之殷，凡吾民前者所造之因，皆将于此食其报；而浅谫剽疾之士，不悟其从来如是之大且久也，辄攘臂疾走，谓以旦暮之更张，而以与胜我抗也；不能得，又搪撞号呼，欲率一世之人，与盲进以为破坏之事。顾破坏宜矣，而所建设者，又未必其果有合也；则何如稍审重而先咨于学之为愈乎！"严氏盖有鉴于我国少年新进之士，恃其一知半解，卤莽灭裂，妄思破坏，以为可立致国家于富强；故为斯言，实深中时弊。彼欲以学术救国之心，毕现于是书矣。

斯宾塞是生物学家，故以社会为有机体，与生物类似，乃生长而成，非人力所能旦夕造成。社会问题，如政治之得失，风俗之厚薄，其前因后果之复杂，极难推究，稍一不慎，则因果颠倒，违于真理，据此以处置事物，鲜有不败者。盖社会学，初非如理化学之因果历然，可由实验而得也。然世俗之人，往往不察，大睨高谈，对于一切问题，轻下判断。殊不知意见有所偏，感情有所蔽，以及国界种界之桎梏，自身早已陷入于网罗之中，而未尝自觉，此至可叹也。严氏译此书，以《学波》、《国拘》、《政惑》、《教僻》为各篇标题，以明社会学之知识，而劝人去私戒偏，以求正当之路；不特反覆阐发斯氏之说，而于国人自私自利之习惯，亦痛下一针砭。

其次严氏所注意者为《名学》。《名学》在我国周末时代，发达极早；如荀子之《正名篇》墨子之《经》上下《经说》上下《大取》《小取》诸篇，以及惠施公孙龙之坚白同异论，皆与《名学》有相似之处。自汉以后，此学久已不传。于是学者治学方法，不能条分缕析，为有系统之撰述。自科举盛行，国人更以头脑笼统，为世诟病久矣。严氏之意，以为革新中国学术，莫要于输入《名学》，可谓卓识。其翻译穆勒约翰之《名学》，异常审慎。穆勒约翰，英国人，为经验主义之哲学家。于论理学（名学）、经济学、伦理学，皆称大家。其论理承培根之思想；以经验为认识之源；归纳推理之学，至此大成。严氏竭毕生之精力，只译成半部。其《名学浅说》自序有云："不佞于庚子辛丑壬寅间，曾译《名学》半部，经金粟斋刻于金陵，思欲赓续其后半，乃人事卒卒，又老来精神苶短，惮用脑力，而穆勒书深博广大，非澄思渺虑，无以将事，所以尚未逮也。戊申孟秋，浪迹津沽，有女学生旌德吕氏，谆求授以此学。因取耶芳思之浅说，排日译示讲解，经两月而成书"；可见严氏介绍此学之苦心矣。穆勒著书中，尚有《自由论》一种，亦经严氏翻译，特避去自由之名词，而题为《群己权界论》。盖严氏最初亦附于革新派；自戊戌政变，经过挫折，又见激进少年之专事破坏；故其思想，乃偏于保守，即自由之名词，亦不欲援用之也。

此外严氏又译亚丹斯密之《原富》，以介绍经济学；译孟德斯鸠《法意》，以介绍法律哲学；盖皆我国所需要之学说也。

严氏又以达尔文、斯宾塞、孟德斯鸠之学说，与老子多相通处，因批点老子而广其说，此则通东西学说之邮者也。

第三节 结 论

自明末至清代，我国与西洋交通；最初输入者，为天文，历算之学；

及鸦片战争失败以后，震于西洋之船坚炮利，深信西洋之艺术，越过我国；曾国藩创江南制造局于上海，聘请中外学者，广事翻译，大概皆物理、化学及军事、制造枪炮之书。当时国人一般思想，皆以为政治、伦理、财政等学问，我国早已完备，远过西洋，只取其艺术之长，补我之短，即足以富强；所以"中学为体，西学为用"之说，人人能道之，几于举国皆然。自严氏所译之书公世，方打破此迷梦，始知西洋尚有此等惊人之学术也。严氏译书时，所有术语，亦皆自造，往往为一名词，沉思至累日，方得之，可见其难，因此彼所译之名词，有含义过深，不合于现在之用者。又严氏所译之书，多高深哲理，往往喜用我国古奥文辞，且有时将西方学说，牵附于我国之古义，致失原文本意者，亦不少。在当时一般学者，颇极欢迎，后来能读西文原书者日多，则颇讥斥严氏，故至今严氏之书，已不甚流行。严氏自谓翻译须信、雅、达三者兼备；以今观严氏所译，则雅字诚当之无愧，达字，信字，则稍有遗憾，此不能为严氏讳，然其荜路蓝缕之功，不可没也。

第二章　王国维

第一节　略传及著书

王国维，字静安，晚号观堂，浙江海宁人。生于清德宗三年（一八七七）。四岁丧母。七岁始就外傅。十余岁时，每晚自塾归，辄发家中藏书，独自泛览。十六岁补博士弟子。始读"四史"，兼攻骈散文。十八岁，值中日战争后，始知世有新学。后罗振玉创农学社于上海，附设东方学社，聘日本人藤田丰八，教授日文。国维时年二十二岁，往就学焉。并襄理社中庶务，得免学费，而致力于学。二十三岁，始从学社教师日人田冈佐代，治读英文。二十四岁，毕业于东方学社。仍努力治英文。二十五岁，留学日本，入东京物理学校，拟专修理科；既而苦几何学之难治，又病脚气；逾年即归。为罗振玉编译《农学报》及《教育世界杂志》，撰述益富。自此始治哲学，能读社会学、心理学、论理学、哲学等西文原书，参以日文译本，遂得贯通。偶有心得，撰述为文，发表于《教育世界杂志》。三十岁以后，厌倦哲学，而转治文学。三十五岁后，转而治古器物学。晚年，以治殷墟书契文，名重中外。后就清华学校研究院之聘。五十一岁时,以世变日亟,自投于颐和园之昆明池而死。(民国十六年,纪元一九二七。)海内外学者,知与不知,皆为痛悼。其遗著凡四集。署曰《海宁王忠悫公遗书》。

第二节　性　说

王氏之论性,以哲学的眼光,批评古来性善性恶之矛盾,颇为彻底;乃可使几千年来之聚讼,为之一息。其言云:

> 今孟子之言曰:人之性善;荀子之言曰:人之性恶;二者皆互相反对之说也。然皆持之而有故,言之而成理。然则吾人之于人性,固有不可知者在欤?孔子之所以罕言性与命者,固非无故欤?且于人性论中,不但得容反对之说而已,于一人之说中,亦不得不自相矛盾。孟子曰:人之性善,在求其放心而已;然使之放心者谁欤?荀子曰:人之性恶,其善者伪也;然所以能伪者何故欤?……今论人性者之反对矛盾如此,则性之为物,固不能不视为超乎吾人之知识外也。(《静庵文集·论性》)

王氏之意,以为吾人对于事物,果能确实知之,则如"二加二为四";二点之间,只可引一直线,决不能容两相反对之议论,得以成立;故数学、物理学之所以为确实之知识者以此。若夫性则不然,反对矛盾之说,均得成立。且聚讼至数千年不决;故断定性为超出吾人知识以外,此自来论性者所未见及也。又云:

> 今夫吾人之所可得而知者,一先天的知识;一后天的知识也。先天的知识,如空间时间之形式,及悟性之范畴,此不待经验而生;后天的知识,乃经验上之所以教我者,凡一切可经

验之物，皆是也。二者之知识，皆有确实性；但前者有普遍性，及必然性，后者则不然；然其确实，则无以异也。今试问性之为物，果得从先天中或后天中知之乎？先天中所能知者，知识之形式，而不及于知识之材质，而性固一知识之材质也。若谓于后天中知之，则所知者又非性；何则？吾人经验上所知之性，其受遗传与外部之影响者不少，则其非性之本来面目，固已久矣。故断言之曰：性之为物，超乎吾人之知识外也。（同上）

王氏是以知识论为立脚点，而断言性之为物，超乎吾人知识之外，固非如古来之论性者，全凭自己之主观，发为空泛之议论可比。既已超出吾人知识之外，则古来立论者，反对矛盾，自是必然的结果。故又云：

人性之超乎吾人之知识外，既如斯矣。于是欲论人性者，非驰于空想之域，势不得不从经验上推论之。经验上之所谓性，固非性之本然，苟执经验上之性以为性，则必先有善恶二元论起焉。何则？善恶之对立，吾人经验上之事实也；反对之事实，而非相对之事实也。……惟其为反对之事实，故善恶二者，不能由其一以说明之；故从经验上立论，不得盘旋于善恶二元论之胯下。然吾人之知识，必求其说明之统一，而决不以善恶二元论为满足也。于是性善论性恶论及超绝的一元论（即性善善无不善说），接武而起。夫立于经验之上以言性，虽所论者非真性，然尚不至于矛盾也。至超乎经验以外，而求其说明之统一，则虽反对之说，吾人得持其一，不至自相矛盾不止。何则？超乎经验以外，吾人固有言论之自由；然至欲说明经验上之事实时，则又不得不自圆其说，而复反于二元论。故古今言性之自相矛盾，必然之理也。（同上）

王氏此说，可为揭破古来论性之病根。故治学者，不必再为此无谓之争执，人性论至此，乃可告一结束矣。故云：

> 善恶之相对立，吾人经验上之事实也。自生民以来，至于今，世界之事变，孰非此善恶二性之争斗乎！政治与道德，宗教与哲学，孰非由此而起乎！故世界之宗教，无不著二神之色彩；有爱而祀之者，有畏而祀之者，即善神与恶神是已。至文明国之宗教，于上帝之外，其不预想恶魔者殆稀也。……夫所谓上帝者，非吾人之善性之写象乎！所谓魔鬼者，非吾人恶性之小影乎！……夫岂独宗教而已，历史之所记述，诗人之所悲歌，又孰非此善恶二性之争斗乎！……吾人经验上，善恶二性对立如此。故由经验以推论人性者，虽不知与性果有当与否？尚不与经验相矛盾，故得而持其说也。超绝的一元论，亦务与经验上之事实相调和，故亦不见有显著之矛盾。至执性善性恶一元论者，当其就性言性时，以性为吾人不可经验之一物故，故皆得而持其说；然欲以之说明经验，或应用于修身之事业，则矛盾随之而起。故余表而出之，使后之学者，勿徒为此无益之议论也。

第三节　理　说

王氏之解释理字，亦能揭破中外哲学家之理窟，而独标真谛。彼以为吾人对种种之事物，而发见其公共之处，遂抽象之而为一概念，又从而命之以名；用之既久，遂视此概念，为一特别之事物，而忘其所从出；如理字之概念，即其一例。吾国语中理字之意义之变化，与西洋理字之意义之变化，若出一辙。略述之如下：

《说文解字》第一篇："理，治玉也。从玉，里声。"段玉裁注："郑人谓玉之未理者为璞，是理为剖析也。"由此类推：凡种种分析作用，皆得谓之理；《中庸》所谓文理密察，即指此作用也。由此而分析作用之对象，即物之可分析而粲然有系统者，亦皆谓之理。《逸论语》曰："孔子曰：美哉璠玙！远而望之，奂若也；近而视之，瑟若也；一则理胜，一则孚胜。"此从理之本义之动词，变而为名词者也。更推之而言他物，则曰地理（《易·系辞》），曰腠理（《韩非子》），曰色理，曰蚕理，曰箴理（《荀子》），就一切物而言之曰条理（《孟子》），然则理者，不过谓吾心分析之作用，及物之可分析者而已矣。（《静庵文集·释理》）其在西洋各国语中，理字之义，自动词变为名词，与我国大致相同。英语之理字，含有推理之能力，同时又用为言语之义；德语之表理性字，含有听言语而知其所传之思想之意；是可知西洋各国语，皆以思索之能力，及言语之能力，即他动物之所无，而为人类所独有者，谓之理性。而从吾人理性思索之径路，则下一判断，必不可无其理由。于是各国语于理性之外，又有理由之意义。吾国之理字，兼有理性与理由之二义。（同上《释理》）

王氏说明理字最初之意义，不过理性理由二者，皆属主观的性质；及沿用既久，乃由主观的而变为客观的；如宋儒以理之渊源，存于万物；遂予理字以特别之意义。朱子谓"天地之间，有理有气；理也者，形而上之道也，生物之本也；气也者，形而下之器也，生物之具也；是以人物之生，必禀此理，然后有性；必禀此气，然后有形"。又曰："天以阴阳五行，化生万物，气以成形，而理亦赋焉。"于是对周子之太极，而予以内容曰："太极不过一理字。"万物之理，皆自此客观的大理而出；故物物各有此理，而物物各异其用，莫非理之流行也。故朱子之所谓理，正与希腊斯多噶派之所谓理相同；皆预想一客观的理，存于生天生地生人以前，而吾心之理，不过其一部分而已。可见理字意义之变化，古今中外，有同一之倾向也。

　　至问及理字何故发生如是变化？王氏之说明，颇为确当。彼谓吾人之知识，分为两种：一直观的知识，一概念的知识。直观的知识，自吾人之感性及悟性得之；而概念之知识，则由理性得之。直观的知识，人与动物共之；概念的知识，则唯人类所独有；人类既享有动物所不能之利益，亦能陷于动物所不有之谬误。夫动物所知者，个物耳；就个物之观念，但有全偏明昧之别，而无正误之别。人则以有概念故，从此犬彼马之个物观念中，抽象之而得动物之观念；更合之植物、矿物而得物之观念；夫所说物，皆有形质可衡量者也。而此外尚有不可衡量之精神作用，而人之抽象力，进行不已，必求一语以赅括之；无以名之，强名之曰"有"。所谓物者，非实物也，概念而已矣。所谓有者，非离心与物之外，别有一物也，概念而已矣。然如物之概念，究竟离实物不远者，其生误解也不多；至最普遍之概念之"有"字，其初固亦自实物抽象而得，逮用之既久，遂忘其所自出，而视为表示特别之一物。古今中外之哲学家，往往以"有"字为有一种实在性；在中国则曰"太极"，曰"玄"，曰"道"；在西洋则谓之"神"。及传衍既久，遂以为一种自证之事物，而若无待根究者。人而不求真理则已，若果欲求真理，则此等谬误，不可不深察而辩明之也。理之概念，亦无以异此。其在中国，初不过谓物之可分析而有系统者，辗转相借，遂成朱子之理即太极说。其在西洋，本不过理由理性二说，辗转相借，前者衍为斯多噶派之宇宙大理说；后者衍为康德以降之超感情的理性说。其去理之本义，固已远矣。此无他，以理之一语，为不能直观之概念，故种种谬误，得附此而生也。

（同上）

第四节　介绍之学说

王氏与严复，同时介绍西洋学说于中国：严氏所介绍者，为英国哲学；王氏所介绍者，乃德国哲学；此其不同者也。王氏于其《静庵文集》自序云："余之研究哲学，始于辛壬之间（一九〇一——一九〇二），癸卯春，始读汗德（即康德）之《纯理批评》，苦其不可解，读几半而辍；嗣读叔本华之书，而大好之；自癸卯之夏，以至甲辰之冬，皆与叔本华之书为伴侣之时代也。其所惬心者，则在叔本华之《知识论》；汗德之说，得因之以上窥。然于其人生哲学，观其观察之精锐，与议论之犀利，亦未尝不心怡神释也。后渐觉其有矛盾之处。……旋悟叔氏之说，半出于其主观的气质，而无关于客观的知识，此意于《叔本华及尼采》一文中，始畅发之。今岁之春（一九〇五年乙巳），复返而读汗德之书，嗣今以后，将以数年之力，研究汗德，他日稍有所进，取前说而读之，亦一快也。"是知王氏介绍德国哲学，颇拟集中精力于汗德之书；初读不解，始先治叔本华之学，以期借径而通汗德。其治汗德之学，辍而复作者凡四次；乃倦于哲学而转治文学。曾草《三十自序》一文，历述其倦于哲学之故云："至于今年，于汗德哲学，从事第四次之研究，则窒碍更少；而觉其窒碍之处，大抵其说之不可恃者也。此则当日志学之初所不及料，而在今日，亦得以自慰者也。"又云："余疲于哲学有日矣；哲学上之说，大都可爱者不可信，而可信者不可爱。余知其理，而余又爱其误谬伟大之形而上学，高严之伦理学，与纯粹之美学，此吾人所酷嗜也。然求可信者，则宁在知识论上之《实证论》，伦理学上之《快乐论》，与美学上之《经验论》。知其可信而不能爱，觉其可爱而不能信，此近二三年中最大之烦闷也。而近日之嗜好，所以渐由哲学而移于文学，而欲于其中求直接之慰藉者也。"又云："以余之力，加之以学问，以研究哲学史，或可操成功之券。然为哲学家不能，为哲学史家则又不愿，此亦疲于哲学之原因也。"是知王氏因对于哲学，不无怀疑，乃舍之而治文学；晚年乃复以考古学著名。于介绍哲学之工作，未有结果。夫汗德为德国之大哲学家，国人闻其名多知之，而于其学说，则仅见一鳞一爪，无有能窥其全豹者。王氏之介绍不能成功，固可惜；而王氏以后，至今未有人能尽此介绍之任者，国人学术思想之贫弱，可见一斑矣。

王氏所介绍者，为叔本华与尼采二人之学说。而于叔本华较详，于尼采则较略。其述叔本华之哲学云：

> 汗德以前之哲学家，除其最少数外，就知识之本质问题，皆奉素朴实在论。即视外物为先知识而存在，而知识由经验外物而起者也。……汗德独谓吾人知物时，必于空间及时间中，而由因果性整理之。然空间时间者，吾人感性之形式；而因果性者，吾人悟性之形式；此数者皆不待经验而存，而构成吾人之经验者也。故经验之世界，乃外物之入于吾人感性悟性之形式中者，与物之自身异。物之自身，虽可得而思之，终不可得而知之，故吾人之所知者，惟现象而已。叔本华于知识论上，奉汗德之说曰：世界者，吾人之观念也；一切万物，皆由充足理由之原理决定之；而此原理，吾人知力之形式也。物之为吾人所知者，不得不入此形式；故吾人所知之物，决非物之自身，而但现象而已；易言以明之：吾人之观念而已。然则物之自身，吾人终不得而知之乎？曰，否，他物则吾不可知，若我之为我，则为物之自身之一部，昭昭明矣。而我之为我，其现于直观中，则块然空间及时间中之一物，与万物无异。然其现于返观时，则吾人谓之意志而不疑也。而吾人返观时，无知力之形式，行乎其间，故返观时之我，我之自身也。然则我之自身，意志也。而意志与身体，吾人实视为一物；故身体者，可谓意志之客观化，即意志之入于知力之形式中者也。吾人观我时，得由此二

方面；而观物时，只由一方面，即惟由知力之形式中观之；故物之自身，遂不得而知。然由观我之例推之，则一切物之自身，皆意志也。(《静庵文集·叔本华之哲学及其教育学说》)

于此可见叔本华之知识论，与汪德不同之处。汪德谓经验的世界，有超绝的观念性，与经验的实在性。叔氏则一转其说，谓一切事物，有经验的观念性，超绝的实在性。故其知识论，自一方面观之，则为观念；自他方面观之，则又为实在论；而与昔之素朴实在论，则迥然不同。

叔氏之知识论，既侧重意志。于是对于形而上学，及心理学，改变古来之主知论，而倡为主意论。盖彼既由吾人之自觉，而发见意志为吾人之本质，因之以推论世界万物之本质，自是当然之结果。其言云：

吾人苟旷观生物界，与吾人精神发达之次序，则意志为精神中之第一原质，而知力为其第二原质，自不难知也。……就实际言之；则知识者，实生于意志之需要；一切生物，其阶级愈高，其需要亦愈增；而其所需要之物，亦愈精而愈不易得；而其知力，亦不得不应之而愈发达。故知力者，意志之奴隶也；由意志生，而还为意志用者也。……至天才出，而知力遂不复为意志之奴隶，而为独立之作用。然人之知力之所由发达，由于需要之增，与他动物固无以异也。则主知说之心理学，不足以持其说，不待论也。心理学然，形而上学亦然。(同上)

王氏谓叔本华之说出，而形而上学、心理学渐有趋于主意论之势，大有造于斯二学，其言诚然。叔本华更由形而上学，进说美学。其言云：

夫吾人之本质，既为意志矣。而意志之所以为意志，有一大特质焉；曰：生活之欲。何则？生活者非他，不过自吾人之知识中所观之意志也。吾人之本质，既为生活之欲矣；故保存生活之事，为人生惟一大事业。……向之图个人之生活者，更进而图种姓之生活。……于是满足与空乏，希望与恐怖，数者如环无端，而不知其所终。……然则此利害之念，竟无时或息欤？吾人于此桎梏之世界中，竟不获一时救济欤？曰：有。惟美之为物，不与吾人之利害相关系，而吾人之观美时，亦不知有一己之利害。……若不视此物为与我有利害之关系，而但观其物，则此物已非特别之物，而代表其物之全种，叔氏谓之曰实念；故美之知识，实念之知识也。而美之中，又有优美与壮美之别：……此二者之感吾人也，因人而不同；其知力弥高，其感之也弥深；独天才者，由其知力之伟大，而全离意志之关系，故其观物也，视他人为深；而其创作之也，与自然为一；故美者，实可为天才之特许物也。若夫终身局于利害之桎梏之中，而不知美之为何物者，则滔滔皆是。且美之对吾人也，仅一时之救济，而非永远之救济，此其伦理上之拒绝意志之说，所以不得已也。(同上)

叔氏于伦理学上拒绝意志之说，究如何立脚？王氏以为叔氏之伦理学，可从其形而上学进窥之。其言云：

从叔氏之形而上学，则人类于万物，同一意志之发现也。其所以视吾人为一个人，而与他人物相区别者，实由知力之蔽。夫吾人之知力，既以空间时间为其形式矣；故凡现于知力中者，不得不复杂；既复杂矣，不得不分彼我；然就实际言之，实同一意志之客观化也。……故空间时间二者……个物化之原理也。自此原理，而人之视他人及物也，常若与我无毫发之关系。……若一旦超越此个物化之原理，而认人与己皆此同一之意志，知己所弗欲者，人亦弗欲之。各主张其生活之欲，而不相侵害；于是有正义之德。更进而以他人之快乐，为己之快乐；他人之苦痛，为己之苦痛；于是有博爱之德。于正义之德中，己之生活之欲，已加以限制；至博爱，则其限制又加甚焉。故善恶之别，全视拒绝生活之欲之程度以为断。其但主张自己之生活之欲，而拒绝他人生活之欲者，是为过与恶。主张自己，亦不拒绝他人者，谓之正义。稍拒绝自己之欲，以主张他人者，谓之博爱。然世界之根本，以存于生活之欲之故，故以苦痛与罪恶充之。而在主张生活之欲以上者，无往而非罪恶。故最高之善，存于灭绝自己生活之欲；且使一切物皆灭绝此欲，而同入于涅槃之境。此叔氏伦理学上最高之理想也。（同上）

王氏以为叔氏在哲学上之位置，在古代可比于希腊之柏拉图；在近世可比于德意志之汗德。然柏拉图之说真理，犹被以神话之面具，而叔氏则否；汗德之知识论，仅为破坏的，而叔氏则为建设的。且自叔氏以降之哲学家，罔不受叔氏学说之影响。王氏之推崇叔氏，可谓至矣。其对于叔氏学说之研究，十分透彻，故介绍亦颇得要领。

十九世纪德意志之哲学界，有二大伟人焉：曰叔本华；曰尼采。王氏于介绍叔本华学说之后，又介绍尼采之学说。尼采之学，出于叔氏，其初极端崇拜之，其后乃极端与之反对。王氏作《叔本华与尼采》一文（见《静庵文集》），比较二人之说，以明其所以反对之理由。其言云："二人以意志为人性之根本也同；然一则以意志之灭绝，为其伦理学上之理想，由意志同一之假说，而唱绝对之博爱主义；一则反之，而唱绝对之个人主义。……尼采之学说，全本于叔氏，其后虽若与叔氏反对，要不外以叔氏之美学上之天才论，应用于伦理学而已。"此则王氏能深窥二人之学说，得到最确之评论也。

尼采之伦理学，出于叔氏，而独趋于反对之方面。盖尼采亦以意志为人之本质，而于叔氏之意志灭绝说，则不以为然；谓欲灭绝此意志者，亦一意志也，故不满其说。而于叔氏之美学中，则发见其可模仿之点，即取其天才论，与知力之贵族主义，为其超人说之根据。是则尼氏之说，乃彻头彻尾，发展其美学上之见解，而应用于伦理学者也。叔氏谓吾人之知识，无不从充足理由之原则者，独美术之知识则不然。其言曰："美术者，离充足原理之原则，而观物之道也。……天才之方法也。"……尼采乃推之于实践上，而以为道德律之于个人，与充足原理之与天才，一也。……由叔本华之说，最大之知识，在超绝知识之法则；由尼采之说，最大之道德，在超绝道德之法则。……于是由知之无限制说，转而唱意之无限制说。……至说超人与众生之别，君主道德与奴隶道德之别。……叔氏谓知力上之阶级。惟由道德联结之；尼氏则谓此阶级，于知力道德，皆绝对的不可调和。此其见解虽不同，而应用叔氏美学之说于伦理上，则昭然可睹也。

叔本华与尼采二人，性行相似，知力之伟大相似，意志之强烈亦相似。其在叔本华则曰："世界者，吾人之观念也。于本体之方面，则曰：世界万物，其本体皆与吾人之意志同；而吾人与世界万物，皆同一意志之发现也。自他方面观之：世界万物之意志，皆吾之意志也。于是我所有之世界，自现象之方面，而扩于本体之方面；而世界之在我，自知力之方面，而扩之于意志之方面。然彼独以今日之世界为不满足，更进而求最完全之世界，故其说虽以灭绝意志为归……非真欲灭绝也，不满足于今日之世界而已。……彼之形而上学之需要在此；终身之慰藉亦在此。……若夫尼采，以奉实证哲学故，不满于形而上学之空想；而其势力炎炎之欲，失之于彼岸者，欲恢复之于此岸；失之于精神者，欲恢复之于物质。……彼效叔本华之天才，而说超人；效叔本华之放弃充足理由之原则，而放弃道德；高视阔步，而恣其意志之游戏，宇宙之内，有知意之优于彼，或足以束缚彼之知意者，彼之所不喜也。故彼二人者，其执无神论，同也；其唱意志自由论，同也。……其所趋虽殊，而性质则一。

彼等之所以为此说者,无他,亦聊以自慰而已。"

王氏介绍尼采之学说,不及其说叔本华之详。至民国九年,《民铎杂志》第二卷之《尼采号》出版,其中有《尼采传》及其一生之思想,叙述乃比较详备。

第五节 结 论

王氏于举国未曾注意德意志哲学之时,独能首先为之介绍。虽未克终其业,然其功亦不可没也。王氏自言疲于哲学,渐移其兴趣于文学;而以我国文学之最不振者,莫若戏曲,思有以董理之,于是有《戏曲考源》、《唐宋大曲考》、《曲调源流考》之作。及殷墟文出土,王氏又转其方向于考古学;于龟契之文,凿空创通,为之笺释,卓然大成。清代考证学之途穷,一转另辟一新天地,蔚为考古学,实王氏为之枢纽也。